बिहार : चिट्ठियों की राजनीति

बिहार : चिट्ठियों की राजनीति

डॉ. राजेंद्र प्रसाद
सूर्यनारायण सिंह
जयप्रकाश नारायण
श्रीकृष्ण सिंह
रामानंद तिवारी
कर्पूरी ठाकुर
अशोक कुमार चौधरी
नरेन्द्र सिंह
लालू प्रसाद
प्रेम कुमार मणि
राजनीति प्रसाद
शिवानंद तिवारी
नीतीश कुमार
रंजन यादव
अमिताभ कुमार दास

बिहार

चिट्ठियों की राजनीति

संकलन व सम्पादन

श्रीकांत

वाणी प्रकाशन

वाणी प्रकाशन

4695, 21-ए, दरियागंज, नयी दिल्ली 110 002

शाखा

अशोक राजपथ, पटना 800 004

फ़ोन: +91 11 23273167/फ़ैक्स: +91 11 23275710

www.vaniprakashan.in
vaniprakashan@gmail.com

BIHAR : CHITTHIYON KI RAJNEETI
Collected & Edited by Srikant

ISBN : 978-93-5072-228-2

Letters/Politics

प्रथम संस्करण

मूल्य : ₹ 200

ओम ऑफ़सेट, दिल्ली-110093 में मुद्रित

वाणी प्रकाशन का लोगो मक़बूल फ़िदा हुसेन की कूची से

भूमिका

बिहार के नेताओं के कुछ पत्रों को जब देखने का मौका मिला तो, मुझे लगा कि नेताओं द्वारा लिखे गए पत्रों को पढ़ कर उस समय की बिहार की हालत को आसानी से समझा जा सकता है। खासतौर से जब देश के पहले राष्ट्रपति डॉ. राजेंद्र प्रसाद की चिट्ठी मिली। यह चिट्ठी उन्होंने तब लिखी थी जब वे राष्ट्रपति नहीं बने थे और केंद्र सरकार में मंत्री थे। उन्होंने बिहार के पहले प्रधानमंत्री श्रीकृष्ण सिंह को पत्र लिखा था। यह चिट्ठी संभवतः बाल्मीकि चौधरी द्वारा संपादित डॉ. राजेंद्र प्रसाद के कलेक्टेड वर्क्स में संग्रहित नहीं है। डॉ. राजेंद्र प्रसाद के पत्र के जवाब में श्रीकृष्ण सिंह का पत्र भी है, जो बहुत ही दिलचस्प है। हिन्दू–मुस्लिम एकता और अलगाववाद की समस्या से मुल्क पीड़ित है, दोनों नेताओं के पत्रों में दो पक्ष रखे गए हैं। आप देखेंगे कि डॉ. राजेंद्र प्रसाद जिन्हें सादगी की प्रतिमूर्ति माना जाता है, वे इस मसले पर कहाँ खड़े हैं।

दोनों नेताओं की चिट्ठी जब मुझे अभिलेखागार में मिली तो मुझे लगा कि इस तरह की चिट्ठियों को लेकर क्यों न कुछ काम किया जाए। इस बीच सूर्यनारायण सिंह की जेल से महात्मा गांधी को लिखी गई चिट्ठी भी मिली। समाजवादी आंदोलन के इस नेता का कांग्रेसियों से मोहभंग 1947 में ही हो गया था। सूर्यनारायण बाबू की चिट्ठी गांधी वाङ्मय में संकलित नहीं है। उन्होंने दरभंगा जेल से महात्मा गांधी को पत्र लिखा था। आजादी के अर्थ के साथ सूर्यनारायण बाबू का पत्र धरातल पर हुए बदलाव को रेखांकित करता है। आजादी के समय 1947 में लिखा गया यह पत्र इस बात की पुष्टि करता है कि सपना पूरा नहीं हुआ।

आजादी के बाद पहले दौर के नेताओं में जे.पी. और श्रीकृष्ण

सिंह के बीच हुए पत्र व्यवहार को 'सर्चलाइट' में प्रकाशित किया गया था। इसका उल्लेख हमने सामाजिक परिवर्तन के कुछ आयाम में किया था। एन.एम.पी. श्रीवास्तव ने जे.पी. और श्रीकृष्ण सिंह की चिट्ठियों को लेकर एक पुस्तिका भी प्रकाशित की। दोनों नेताओं के बीच लंबा पत्र व्यवहार हुआ था, लेकिन हमने उनके एक–एक पत्र को शामिल किया है। यह पत्र बताने के लिए काफी है कि हमारी पहली पीढ़ी के नेताओं का चिंतन कैसा था?

बिहार के दोनों बड़े व प्रसिद्ध नेता एक–दूसरे पर आरोप लगाते हुए किस स्तर तक चले गए थे। इसे देखा जा सकता है। इन पत्रों को पढ़ कर पचास के दशक की राजनीति को आसानी से समझा जा सकता है। पत्रों को पढ़ कर आप स्वामी सहजानंद के उस कथन से सहमत हो सकते हैं कि बिहार के अधिकांश राष्ट्रवादी नेता जातिवादी हैं। पत्रों की इस किताब में अबुल कलाम आजाद की बिहार जाँच रिपोर्ट के बारे में कोई जिक्र नहीं किया जा रहा है। उसमें बिहारी नेताओं के जातिवाद की चर्चा है। इन दोनों नेताओं के अतिरिक्त अनुग्रह नारायण सिंह और सर गणेश दत्त के बीच चले विवाद को शामिल नहीं किया गया है। अनुग्रह नारायण सिंह के संस्मण और डॉ. राजेंद्र प्रसाद की आत्म–कथा में भी बहुत–सी जानकारियाँ दर्ज हैं।

बिहार की दूसरी पीढ़ी के नेताओं की चिट्ठियों अगर देखनी हो तो कर्पूरी ठाकुर और रामानंद तिवारी की चिट्ठियों को देखिए। दोनों समाजवादी नेता एसएसपी और पीएसपी में बँटते थे और जुटते थे। इनके पत्र दिनमान में भी छपे। कहते हैं कि दोनों की चिट्ठियों को लेकर दिनमान के संपादक स्व. रघुवीर सहाय ने हाथ जोड़ लिए थे। जब कर्पूरी ठाकुर मुख्यमंत्री बने थे, उसी समय के जिलाधिकारी अशोक कुमार चौधरी ने भी न्यायालयों में जातिवाद को लेकर चिट्ठी लिखी थी। यह काफी महत्वपूर्ण पत्र है और अब तक अप्रकाशित है। नीतीश राज में श्री चौधरी मुख्य सचिव भी बने।

नई पीढ़ी के नेताओं में लालू प्रसाद और नीतीश कुमार खासे चर्चित हुए। लालू प्रसाद की सरकार बनने के बाद लालू प्रसाद और नरेंद्र सिंह का पत्र व्यवहार खासा चर्चित रहा। उसके बाद शिवानंद तिवारी ने लालू प्रसाद और नीतीश कुमार को कई पत्र लिखे।

शिवानंद जी दोनों तरफ डोलते रहे हैं, पर अपने खांटी भोजपुरी अंदाज में बोलते भी रहे हैं।

बहरहाल, बिहार में आजादी के लगभग छह दशकों में हुए बदलावों को इन पत्रों से गुजरते हुए देख सकते हैं। बिहार की नई पीढ़ी के नेताओं द्वारा लिखे गए पत्र बिहार की राजनीति को समझने में मदद करते हैं। महाराष्ट्र में बिहारियों के खिलाफ हिंसा की घटनाओं को लेकर रेल मंत्री लालू प्रसाद और मुख्यमंत्री नीतीश कुमार के बीच चिट्ठियों की राजनीति हुई। दोनों नेताओं के पत्र एक–दूसरे की राजनीति को समझने के लिए काफी हैं। इन चिट्ठियों में प्रेम कुमार मणि की भी चिट्ठी शामिल है, जो काफी महत्व की है। मणि पेशेवर नेता नहीं हैं, वे लेखक हैं। विधान पार्षद बनने के पहले और बाद में भी वे नीतीश सरकार पर हमला करने से नहीं चूके। इस पुस्तक में शामिल तमाम पत्रों को पढ़ कर पाठक महसूस करेंगे कि इसे संकलित करना शायद आवश्यक काम था।

इस पुस्तक में आये कुछ पत्रों के अनुवाद के लिए मैं श्री शशिभूषण, अशोक यादव और रियाजुल हक का आभारी हूँ।

श्रीकांत

10 मार्च, 2012

(बिहार स्थापना दिवस के अवसर पर)

अनुक्रम

डॉ. राजेंद्र प्रसाद का श्री बाबू के नाम पत्र

1, क्वीन विक्टोरिया रोड
नयी दिल्ली, 11 अगस्त, 1947

मेरे प्रिय श्री बाबू,

बाबू नवल किशोर प्रसाद यहाँ हैं और मैंने उनसे बिहार की स्थिति के बारे में लंबी बातचीत की है। उन्होंने मुझे बताया कि लोक सुरक्षा अधिनियम के तहत जो लगभग 1000 व्यक्ति पटना, गया और मुंगेर जिलों में हिरासत में लिये गये हैं, उनमें से सभी हिंदू हैं। संभवतः सारण और भागलपुर में भी कुछ मामले ऐसे हैं। ये सभी व्यक्ति लोक सुरक्षा अधिनियम के तहत बिना ट्रायल के हिरासत में रखे गये हैं, जिसका उपयोग किसी और के विरुद्ध नहीं बल्कि हिंदुओं के विरुद्ध ही किया जा रहा है। हिरासतियों को उनकी गिरफ्तारी के समय नोटिस तक नहीं दी जाती है और यदि हफ्तों नहीं तो गिरफ्तारी के कई दिनों बाद तक भी नहीं। उच्च न्यायालय ने ऐसे तरीकों की कटु आलोचना की है। आप अवगत होंगे कि पुलिस कांस्टेबल मामले में भी उच्च न्यायालय ने बेहद कड़ी टिप्पणी की है। मैं नहीं जानता कि किस कारण से इन जिलों में बिना ट्रायल के इतनी बड़ी संख्या में लोगों की गिरफ्तारी और हिरासत में रखने की आवश्यकता पड़ गयी और क्यों अधिनियम को केवल हिंदुओं के विरुद्ध ही काम करना चाहिए, किसी और के विरुद्ध नहीं। उन्होंने मुझे बताया कि वे लोग, जिनके घरों से आग्नेयास्त्र सहित हथियार और गोला-बारूद तक पाये गये, हिरासत में नहीं लिये गये, यदि वे हिंदू नहीं थे।

उन्होंने मुझे बताया कि सूबे में मुसलमानों द्वारा बड़े भारी

पैमाने पर हथियारों की अवैध तस्करी की जा रही है। और हालाँकि कुछ जगहों पर कुछेक घरों की तलाशी हुई है और हथियार बरामद किये गये हैं, सरकारी विजिलेंस ने इन तस्करों की गिरफ्तारी और अवैध हथियारों की तस्करी रोकने को सुनिश्चित नहीं किया। उन्होंने यह भी संदेह जताया कि हथियारों के जमा होने की कोई सूचना, जो सरकार अथवा पुलिस तक पहुँचती है, वह सरकारी दफ्तरों के किसी आदमी द्वारा पुलिस अथवा दूसरे सरकारी प्राधिकार की किसी कार्रवाई के पहले ही हथियार जमा करनेवालों तक पहुँचा दी जाती है। मुझे याद है, जब आप यहाँ थे, आपने मुझे बताया कि ऐसा कुछ जगहों में हुआ और कार्रवाइयाँ की गयीं, लेकिन जैसा कि नवल बाबू ने मुझे बताया कि यह हथियारों के अवैध भंडारण के मद्देनजर अपर्याप्त है। उन्हें डर है कि हिंदू इन सबके कारण असली खतरे में हैं और सरकार इसे रोकने के लिए बहुत सक्रिय नहीं है।

उन्होंने मुझे यह भी बताया कि धारा 144 के तहत एक आदेश सभाओं और प्रदर्शनों को रोकने के लिए सूबे भर में जारी किया गया है, जिसे समय-समय पर नोटिस के 60 दिन पूरे होने के बाद फिर से नवीनीकृत किया जाता है। हिंदू सभाई कोई सभा करने के लिए अनुमति नहीं पा सकते हैं अथवा धार्मिक शोभायात्रा तक नहीं निकाल सकते हैं और इस तरह पूरे सूबे में उनकी गतिविधियाँ नियंत्रित कर दी गयी हैं। कांग्रेसी और अन्य सभाएँ करते हैं और जुलूस भी निकालते हैं, लेकिन वे इसे अनुमति से करते हैं या बगैर अनुमति के, यह वे नहीं जानते। किसी भी स्थिति में हिंदू सभा ने सभा करना या जुलूस निकालना असंभव पाया है। उन्होंने मुझे यह भी बताया कि नौकरियों और शैक्षणिक संस्थानों, जैसे इंजीनियरिंग कॉलेज में सीटों के आरक्षण का पुराना मापदंड अब भी बना हुआ है। सरकार ने पुराने मापदंड का पुनरीक्षण करने और जनसंख्या के अनुपात के आधार पर आरक्षण तय करने के लिए कुछ नहीं किया है, जैसा कि पाकिस्तान सरकार ने सिंध में किया है और कांग्रेस सरकार तक ने संयुक्त प्रांत में किया है। इसके व्यावहारिक उदाहरण के रूप में उन्होंने बताया कि इंजीनियरिंग कॉलेज में योग्य हिंदू छात्रों पर 28 प्रतिशत मुसलमान छात्रों को प्राथमिकता

देकर दाखिला दिया गया। मुसलमान कई जिलों और अनुमंडलों में प्रमुख स्थानों में हैं। हिंदुओं ने इसके परिणामस्वरूप भरोसा खो दिया है कि अगर कोई समस्या आती है तो वे सरकार से सहारा पायेंगे और सरकार उनकी मदद करेगी। उदाहरण के लिए, उन्होंने बताया कि दीनापुर अनुमंडल और पटना सिटी अनुमंडल, जहाँ सब डिविजनल अधिकारी मुसलमान है और बिहार सब डिविजन, जहाँ पुलिस उपाधीक्षक एक मुसलमान है। पटना सिटी पुलिस अधीक्षक भी एक मुसलमान ही है, जिसने, उन्होंने कहा कि, 1942 आंदोलन में खुद को बदनाम कर लिया था।

मुझे उनके द्वारा यह भी पता लगा है कि पटना जिले में लगभग 15000 लोग हैं, जिन पर पिछले अक्तूबर की घटनाओं के सिलसिले में आपराधिक मुकदमे हैं और ऐसे ही लगभग 5000 लोगों पर मुंगेर में और समान संख्या में गया में और कुछ सारण और भागलपुर में मामले दर्ज हैं। इनमें से लगभग 5000 लोग जेलों में हैं। कई मामलों में पुलिस रिपोर्ट यह थी कि एक विशेष अभियुक्त के खिलाफ केस झूठा या केस टिक नहीं सकता था या कोई सबूत नहीं थे, लेकिन ऐसे मामलों में भी, बाद में किसी मिस्टर तौहीद के कहने पर आरोपपत्र दाखिल किये गये, जिन्हें छानबीन की समीक्षा और पुनरीक्षण के लिए अधिकृत किया गया था। परिणाम यह रहा कि लगभग 80 प्रतिशत मामलों में जिनके आरोपपत्र दाखिल नहीं होने चाहिए थे, दाखिल किये गये। वे सभी लोग ट्रायल के दौरान छूट जायेंगे, क्योंकि उनके खिलाफ कोई सबूत नहीं है। लेकिन इसी बीच बड़े पैमाने पर उन लोगों को, जिनमें से अधिकतर हरिजन हैं, परेशान किया जा रहा है। इनमें से अनेक के लिए खुद का बचाव करने का कोई मतलब नहीं है। निलंबित डिप्टी मजिस्ट्रेट मिस्टर पटनायक के खिलाफ जो कार्रवाई की गयी उसे देखा जाये तो, उनके विरुद्ध जो आरोप हैं, उनमें से एक यह है कि उन्होंने जमानत आदेश की समीक्षा की अथवा उन्होंने पुलिस की सलाह के विरुद्ध कुछ मामलों में जमानत दी। इससे दूसरे मजिस्ट्रेट हतोत्साहित हुए और अनेक मामलों में, जिनमें जमानत दी जा चुकी थी, आरोपित से पूछा गया कि क्यों उसकी जमानत रद्द नहीं की जानी चाहिए और जमानत अर्जी वास्तव में रद्द कर दी गयी। कुल

मिलाकर तसवीर ऐसी है, जिसमें सरकार की कार्रवाई और निष्क्रियता को देखते हुए हिंदू होना एक बड़ा नुकसान है और ऐसी उकसावेवाली बातों के तहत वे सत्याग्रह शुरू करने के बारे में सोच रहे हैं। बाबू कृष्णबल्लभ सहाय ने नवल बाबू से उनसे मिलने के लिए और एक अगस्त, 1947 को पटना में प्रधानमंत्री के साथ विमर्श के विचाराधीन सत्याग्रह को टालने के लिए कहाँ नवल बाबू प्रधानमंत्री से मिले और यह व्यवस्था की गयी थी कि वे जायेंगे और फिर से उनसे रांची में कुछ और लोगों के साथ मिल सकेंगे। लेकिन ज्यों ही वे निकलनेवाले थे, हिंदू सभा नेता मिस्टर खेमका गिरफ्तार हो गये और इसके बाद बातचीत को छोड़ देना पड़ा। सरकार ने एक विज्ञप्ति जारी की है कि जिस वारंट के तहत मिस्टर खेमका गिरफ्तार किये गये हैं, वह 16 जुलाई, 1947 को जारी हुआ था और वारंट के रद्द होने का कोई मौका नहीं था। नवल बाबू ने शिकायत की कि वे इससे अवगत नहीं थे कि वारंट जारी हो चुका है और यह सरकार का काम था कि वारंट लागू होने को निलंबित करती या उन्हें सूचित करती कि प्रस्तावित बातचीत के दौरान वारंट को रद्द नहीं किया जा सकता। सरकार ने यह स्पष्ट कर दिया कि वह उस प्रतिवेदन पर विचार करेगी, जो हिंदू सभा प्रस्तुत करेगी। लेकिन उन्होंने कहा वे अपमानजनक शर्तों के कारण कोई प्रतिवेदन प्रस्तुत करने को तैयार नहीं हैं।

मैं इससे अब तक अवगत नहीं था कि लगभग 1000 लोग बिना किसी ट्रायल के हिरासत में हैं, और यह कि इनमें से लगभग सभी हिंदू हैं। हमने यह हमेशा कहा है कि बिना ट्रायल के हिरासत में रखना सबसे दमनकारी कदम है, जिसे किसी सरकार को बहुत अपवादपूर्ण परिस्थिति के अलावा नहीं उठाना चाहिए। मैं नहीं जानता कि क्या हालात हैं और क्यों आपने एक ऐसे नियम के तहत, जिसका एक बेहद अपवादजनक चरित्र है, इतने बड़े पैमाने पर गिरफ्तारियाँ होने दीं। मैं यह भी नहीं जानता कि, यदि यह एक तथ्य है कि, क्यों यह केवल हिंदुओं के ही विरुद्ध काम कर रहा है। यदि इसकी वजह सुरक्षा है, जिसके तहत इन कानूनों के कारण में जाने की जरूरत है, कोई कल्पना नहीं कर सकता है कि केवल एक समुदाय के लिए हो सकता है जो कि आशंकित अव्यवस्था का

जिम्मेदार है, खास कर जब यह कहा जाता है कि यहाँ तक कि जिनके घरों से हथियार बरामद किये गये, उन पर इस अधिनियम के तहत कार्रवाई नहीं की गयी, जबकि दूसरे, जिनके विरुद्ध पर्याप्त सबूत भी नहीं मिले हैं, गिरफ्तार कर लिये गये हैं। किसी मामले में कोई वजह नहीं है कि उनकी हिरासत एक अनिश्चित काल के लिए होनी चाहिए और क्यों बिना कानून सम्मत औपचारिकताओं के लोगों को गिरफ्तार कर लेना चाहिए। यदि इस कानून की शरण में जाना अनिवार्य है, तो इसके तहत सारी औपचारिकताएँ हर हाल में मानी जानी चाहिए और हर मामले को इसी कसौटी पर न्यायोचित ठहराया जाना चाहिए। उच्च कोटि का ऐसा कोई जिम्मेदार अधिकारी जरूर हो, जो नियमित अंतराल पर हिरासत के इन मामलों की समीक्षा और जाँच कर सके और उन्हें छोड़ने के आदेश दे सके, जैसे ही उनकी हिरासत का आशंकित खतरा इस अधिनियम के तहत गुजर जाये।

मैं ये सारी सूचनाएँ आपको दे रहा हूँ, क्योंकि मैंने सोचा कि मुझे आपको वह बता देना चाहिए जो मेरी जानकारी में लाया जाता है। मुझे नवल बाबू द्वारा बताया गया कि उन्होंने ये सभी बातें आप तक भी पहुँचा दी हैं। मुझे खुशी होगी यदि आप इन बिंदुओं पर अपनी टिप्पणी भेज सकें। हम एक बेहद गंभीर समय से गुजर रहे हैं और हम लोगों के साथ अपने व्यवहार में व्यापक तौर पर उतने सावधान और उतने सतर्क नहीं रह सकते। यह एक बहुत खतरनाक चीज होगी, यदि ये धारणा विदेश में चली जाये कि हमारी सरकार ऐसे कदम उठा रही है, जिनकी निंदा हमने जिंदगी भर की है।

आपका विश्वासी
राजेंद्र प्रसाद

श्री बाबू का डॉ. राजेंद्र प्रसाद को जवाबी पत्र

पटना 3
सितंबर, 1947

प्रिय राजेंद्र बाबू,

मुझे 11 अगस्त, 1947 को लिखा गया आपका पत्र प्राप्त हुआ और जैसी कि आपने इच्छा जाहिर की है, मैं बाबू नवल किशोर प्रसाद द्वारा लगाये गये आरोपों पर अपनी टिप्पणी दे रहा हूँ। नवल बाबू ने आरोप लगाया है कि सिर्फ पटना, गया और मुंगेर जिलों में बिहार लोक सुरक्षा अधिनियम के तहत लगभग 1000 लोगों को अभियुक्त करार देकर हिरासत में लिया गया है और वे सभी हिंदू हैं। वास्तविकता तो यह है कि अभी पूरे क्षेत्र में हिरासत में सिर्फ 327 आदेश दिये गये हैं, जिनमें से 73 मुसलमानों के विरुद्ध हैं, अतः मुसलमान हिरासतियों का अनुपात 20 प्रतिशत से ऊपर है जबकि क्षेत्र की आबादी में मुसलमानों का अनुपात लगभग 13 प्रतिशत है। बेशक, हिरासती आदेश वैयक्तिक मामलों की सुनवाई के आधार पर दिये गये हैं और मैं हिंदू और मुसलमान हिरासतियों के अनुपातों का जिक्र सिर्फ यह दिखाने के लिए कर रहा हूँ कि नवल बाबू के आरोप कितने गलत हैं। उन्होंने यह भी शिकायत की है कि जिन लोगों के घरों में हथियार और गोला-बारूद बरामद हुए हैं, उन्हें हिरासत में नहीं लिया गया है, यदि वे हिंदू नहीं थे, जबकि सच्चाई यह है कि असल में उन सभी मुसलमानों को हिरासत में ले लिया गया है, जिनके घरों में हथियार और गोला बारूद बरामद हुए हैं या जिनके बारे में माना जाता है कि वे विस्फोटक बनाने के काम में जुड़े हुए हैं। चूंकि हिंदुओं के घरों में हथियार और गोला-बारूद की बरामदगी के मामले बहुत कम हैं, इस आधार पर शायद ही किसी हिंदू को हिरासत में लिया गया है। सिर्फ मुंगेर जिले

में 25 मुसलमानों को हिरासत में लिया गया है, क्योंकि उनके घरों में अनधिकृत हथियार या विस्फोटक बरामद हुए हैं।

यह मानने के ठोस कारण हैं कि मुसलमान अनधिकृत आग्नेयास्त्रों और गोला–बारूदों की तस्करी क्षेत्र में करते रहे हैं, लेकिन यह कहना कि सरकार काफी सतर्क नहीं रही है या कि उसकी सतर्कता प्रभावी नहीं साबित हो रही है, बिल्कुल गलत है। शस्त्र अधिनियम का प्रशासन पर्याप्त रूप से चुस्त–दुरूस्त है और विधानमंडल के अगले सत्र में एक बिल पेश किया जा रहा है, जिसके अंतर्गत शस्त्र नियम के तहत कुछ विशेष अपराधों के लिए निवारक सजा का प्रावधान है और गैर–लाइसेंसी हथियार रखने को एक गैर–जमानती अपराध माने जाने का भी प्रावधान है। बिहार मेंटेनेंस ऑफ पब्लिक ऑर्डर एक्ट के तहत जिनके पास से आग्नेयास्त्र अथवा विस्फोटक बरामद हुए, उन घरों के मालिकों और उनमें रह रहे लोगों की गिरफ्तारी के आदेश शीघ्र जारी करने संबंधी निर्देश जिला मजिस्ट्रेटों को गत जुलाई में जारी किये जा चुके हैं। हम इस संभावना को पूरी तरह स्वीकार करते हैं कि बंगाल से लौट रहे मुसलिम शरणार्थी साथ में अनधिकृत हथियार और विस्फोटक ला रहे हैं। इससे निपटने के लिए सीआईडी को शरणार्थियों के सामान की तलाशी लेने के निर्देश जारी किये जा चुके हैं और ऐसा किया जा रहा है। अनेक मामलों में सुनियोजित तरीके से उन जगहों की औचक तलाशियाँ ली गयी हैं, जहाँ आग्नेयास्त्र, गोला–बारूद अथवा विस्फोटक छिपाये होने की आशंका थी और इन तलाशियों में से अनेक, खास कर मुंगेर और पटना जिलों में फलप्रद साबित हुई हैं। सीआईडी को तस्करी किये गये हथियारों आदि के मामले को और तस्करी की रोकथाम को उच्च प्राथमिकता देने को कहा गया है और वह ऐसा कर रही है। मैं नवल बाबू की उत्सुकता की प्रशंसा करता हूँ। मैं खुद विश्वास करता हूँ कि पुलिस और मजिस्ट्रेसी इन चुनौतियों से प्रभावी ढंग से निपट सकेगी। यह सच है कि उन जगहों पर, जहाँ हथियार और गोला–बारूद जमा किये गये हैं, औचक छापों की योजनाएँ बनाने में कुछ लीकेज हैं, लेकिन खास कर सीआईडी से इन स्रोतों को समाप्त करने के लिए, जहाँ से ये लीकेज होती हैं अथवा जिनके जरिये ये लीकेज

होती हैं, जरूरी कदम उठाये जा रहे हैं।

नवल बाबू का अगला आरोप है कि हिंदू सभा पर सभा करने और जुलूस निकालने में अकारण रुकावटें लगायी गयी हैं। नवंबर, 1946 में सांप्रदायिक गड़बड़ियों के दौरान जिला मजिस्ट्रेट की अनुमति के अलावा सभाएँ अथवा प्रतिरोध करने पर रोक लगाते हुए बिहार मेंटेनेस ऑफ पब्लिक ऑर्डर एक्ट के लिए जिला मजिस्ट्रेटों को ऐसी सभाओं और जुलूसों की अनुमति प्रदान करनेवाले कार्यकारी निर्देश जारी किये गये। मैं सोचता हूँ कि इस पर सहर्ष सहमति होगी कि ज़ो स्थितियाँ तब थीं, उनमें उक्त अपवादों को छोड़ कर लगाये गये प्रतिबंध पूरी तरह न्यायोचित थे। कुछ महीनों के बाद जिला मजिस्ट्रेटों को सभी पारंपरिक सभाओं और जुलूसों की अनुमति देने के निर्देश जारी किये गये जो शांति भंग करनेवाले न लगते हों। चूंकि जनवरी तक स्थिति में काफी सुधार आया, जिला मजिस्ट्रेटों को जारी कार्यकारी निर्देश के माध्यम से उन सभाओं और रैलियों की अनुमति देकर जो सांप्रदायिक एकता और सामंजस्य के लिए खतरा नहीं पैदा करते थे, निषेधाज्ञा में थोड़ी ढील दी गयी। इस ढील को छोटे-छोटे समयांतरालों पर उठा लेना होता था, जब किसी वजह से सांप्रदायिक तनाव में इजाफा होता था। पश्चिम पंजाब में गंभीर सांप्रदायिक अव्यवस्था का काल और जून का पहला पखवाड़ा, जब वायसराय सत्ता के हस्तांतरण की योजनाओं की घोषणा करनेवाले थे, प्रमुख उदाहरण हैं।

मैंने कुछ समय पहले ही निषेधाज्ञा को वापस ले लिया होता, लेकिन मैंने सोचा कि सीमा आयोग द्वारा घोषित निर्णय की प्रतिक्रिया और सत्ता के हस्तांतरण की प्रतिक्रिया जाने बिना ऐसा करना उचित नहीं है। अब मैंने पूर्णिया और संथाल परगना के जिलों को छोड़कर बिहार लोक सुरक्षा अधिनियम की छठी धारा के तहत बाकी जगहों पर निषेधाज्ञा को समाप्त करने का निर्णय लिया है, क्योंकि बंगाल के नजदीक होने के कारण पूर्णिया और संथाल परगना में कुछ सप्ताहों तक विशेष सावधानी बरतने की जरूरत है। यह कहना सरासर गलत है कि सभाओं तथा रैलियों के लिए अनुमति देने के संदर्भ में हिंदू सभा के विरुद्ध भेदभाव बरता गया है। अधिकांश

मामलों में अनुमति मांगे जाने के अनुसार धार्मिक प्रकृति की सभाएँ करने की अनुमति दे दी गयी और विगत जिला चुनावों में दूसरे राजनीतिक दलों की तरह आम चुनावी सभा इत्यादि के लिए हिंदू सभा को भी आजादी दी गयी थी।

यह सच है कि नौकरियों और कुछ विशेष शैक्षणिक संस्थाओं में मुसलमानों के लिए सीटों के आरक्षण का पुनरीक्षण अभी तक नहीं किया गया है, लेकिन हमें इसके पीछे कोई तर्क नहीं लगता है कि हमें सिंध और संयुक्त प्रांत के उदाहरण का बिना सोचे-समझे अनुकरण क्यों करना चाहिए? हमने सोचा कि हमें अधिकारों इत्यादि की फिर से जाँच होने तक का इंतजार करना चाहिए। मैं यह भी बता सकता हूँ कि मुसलमानों को इस क्षेत्र में नौकरियों में वह असानुपातिक प्रधानता प्राप्त नहीं है, जैसा कि उन्हें संयुक्त प्रांत में प्राप्त है। उदाहरण के लिए रक्षादल में यहाँ मुसलामानों का अनुपात लगभग 20 प्रतिशत हैं, जबकि संयुक्त प्रांत में मेरे खयाल से उनका अनुपात 45 प्रतिशत से अधिक है। यहाँ पर यह भी जोड़ा जा सकता है, लगभग 2000 लोगों के पुलिस बल में, जो निर्माणाधीन है, किसी मुसलमान की भरती नहीं की गयी है। भविष्य के लिए नीति तय करने के उद्देश्य से मैं मुसलमानों को नौकरी और विशेष शैक्षणिक संस्थानों में प्राप्त महत्व/सुविधाओं के मुद्दे के परीक्षण के लिए भी आदेश जारी करने जा रहा हूँ।

नवल बाबू का अगला आरोप यह है कि कई जिलों और अनुमंडलों में मुसलमान मुख्य पदों पर नियुक्त हैं जिसके परिणामस्वरूप हिंदू यह विश्वास खो चुके हैं कि किसी समस्या के उत्पन्न होने पर उन्हें सरकार का समर्थन या उनकी मदद प्राप्त होगी। क्षेत्र/सूबे के 16 जिलों में से मात्र एक जिले पलामू का जिला मजिस्ट्रेट मुसलमान है, लेकिन कई मुसलमान पदाधिकारी पुलिस अधीक्षक, अपर पुलिस अधीक्षक, अनुमंडल अधिकारी इत्यादि पदों पर हैं मैं यह समझ पाने में असमर्थ हूँ कि इसमें क्या दोष है। क्या मैं उच्च पद के मुसलमान अधिकारियों से मुक्ति पा लूँ? यदि नहीं, तो क्या मैं उनकी सेवा और रिकार्ड के अनुसार उन्हें पदों से दूर रखूँ, जिनके वे हकदार हैं? क्या मुझे सिर्फ हिंदुओं के आत्मविश्वास को बरकरार

रखने की कोशिश करनी चाहिए या मुसलमानों के बारे में भी सोचना चाहिए, जो अल्पसंख्यक हैं या जो पिछले साल के दंगों के बाद स्वाभाविक रूप से बुरी तरह से घबराये हुए हैं। महात्मा गांधी बिल्कुल सही मुझसे आशा करते हैं कि मैं हरसंभव जरूरी कदम उठा कर मुसलमानों के विश्वास को कायम करूँ, जबकि दूसरी ओर नवल बाबू और उनके विचारक के अन्य लोग चाहते हैं कि मैं मुसलमानों की भावनाओं तथा बहुसंख्यक समुदाय के प्रत्येक हिस्से की उचित-अनुचित माँगों को पूरा करने के लिए उनकी उचित आशाओं को पूरी तरह से नजर अंदाज कर दूँ, जिनकी आबादी सूबे की आबादी की 13 प्रतिशत है। मुझे डर है कि यदि यह वह कीमत है, जो मुझे नवल बाबू और उनके तरह के विचारवाले अन्य लोगों को संतुष्ट करने के लिए चुकानी होगी, तो मेरे लिए बेहतर होगा कि मैं उन्हें दुखी ही रहने दूँ।

अब मैं उन मामलों पर विचार करूँगा जो सांप्रदायिक उपद्रवों के कारण पैदा हुए हैं। कुल मिलाकर पिछले साल के सांप्रदायिक दंगों के दौरान हुई घटनाओं से संबंधित 2701 मामले दर्ज किये गये थे। इन मामलों में 16,032 हिंदू और 2003 मुसलमान आरोपित थे और लगभग दो तिहाई हिरासतियों, हिंदू या मुसलमान को जल्दी ही जमानत देकर छोड़ दिया गया था। इन मामलों के तहत जेल में कैद वर्तमान हिंदुओं की ठीक-ठीक संख्या आसानी से उपलब्ध नहीं है, लेकिन इस तथ्य के मद्देनजर कि सिर्फ आठ सौ से थोड़े अधिक मामले ही आरोप पत्र जारी करने तक पहुँचे, यह कहा जा सकता है कि हिरासत में रखे गये अभियुक्तों की संख्या अधिक नहीं हो सकती। श्री एकेपी सिन्हा पहले अधिकारी थे, जिन्हें यह सुनिश्चित करने के उद्देश्य से सांप्रदायिक मामलों की जाँच-पड़ताल पर नियंत्रण रखने के लिए नियुक्त किया गया था कि निर्दोष व्यक्तियों या उन व्यक्तियों के खिलाफ, जिनका गवाह पक्ष कमजोर है, कोई आरोप पत्र जमा न हो। बाद में वे डीआईजी, सीआईडी बन गये और उन्होंने श्री तौहीद को अपनी देख-रेख में मामलों की जाँच-पड़ताल पर नियंत्रण रखने के लिए नियुक्त किया। इसलिए स्थिति यह है कि श्री सिन्हा की स्वीकृति के बिना

कोई आरोप पत्र जमा नहीं किये गये। वे पहले खुद संतुष्ट होते थे कि उपलब्ध सबूत आरोप पत्र के जमा होने की पुष्टि करते है या नहीं। तब यह हो सकता है कि जिनको आगे की कार्रवाई के लिए ऊपर भेजा गया हो, उन्हें अंततः दोषमुक्त कर दिया जायेगा। लेकिन क्या पुलिस को इस आधार पर आरोप पत्र को जारी रखने के लिए उचित ठहराया जाता? मुझे कोई शक नहीं है कि नवल बाबू जितने बड़े नाम और अनुभववाले वकील के लिए भी इसे स्वीकार करना संभव नहीं होगा, यदि यह तथ्य न हो कि हिंदू होने के नाते उनकी भावनाओं ने उनके कानूनी विवेक को मात न कर दिया हो। यह सही नहीं है कि श्रीमान पटनायक के खिलाफ यह आरोप है कि कुछ मामलों में बिना पुलिस सलाह के उन्होंने जमानत की मंजूरी दे दी। उनके खिलाफ यह आरोप है कि अनुमंडल मैजिस्ट्रेट के अवर मैजिस्ट्रेट होने के नाते यह उनके न्यायिक अधिकार क्षेत्र में नहीं था। उनका आचरण और भी अनुचित इसलिए था क्योंकि अनुमंडल मैजिस्ट्रेट ने मामलों में जमानत देने से इनकार कर दिया था और सेशन जज ने अनुमंडल मैजिस्ट्रेट के आदेशों में हस्तक्षेप करने से मना कर दिया था। श्री पटनायक ने, जिनके समक्ष मुख्यालय से अनुमंडल मैजिस्ट्रेट की अस्थायी गैर मौजूदगी में स्थगन इत्यादि के रुटीनी आदेशों को जारी करने के लिए मामले रखे गये, जमानत की मंजूरी के आदेश जारी कर दिये, जो उनके अधिकार क्षेत्र से बाहर था, जैसा कि पहले भी बताया गया है। इसलिए श्री पटनायक के निलंबन को लेकर यह कहना कि मजिस्ट्रेसी का अपमान किया गया है और यह कहना कि मैजिस्ट्रेट अंधाधुंध जमानतों को खारिज कर रहे हैं, बिल्कुल गलत है। अवश्य ही कुछ मामले ऐसे थे, जिनमें जमानतों को खारिज किया गया, लेकिन ऐसा करने के पीछे प्रामाणिक कारण थे। वास्तविकता यह है कि मुसलमान यह शिकायत करते रहे हैं कि मैजिस्ट्रेटों ने खुले हाथ जमानतों की मंजूरी दी है और 497 सीआरपीसी धारा के कुछ अनिवार्य निर्देशों की अवहेलना की है। मेरे विचार से नवल बाबू द्वारा लगाये गये आरोप मुसलमानों द्वारा लगाये गये इन आरोपों से अधिक न्यायसंगत

नहीं ठहराये जा सकते। प्रसंगवश मैं बता सकता हूँ कि जब पहले महात्मा गांधी बिहार आये थे तो मुझे इसके विपरीत आरोप का सामना करना पड़ा कि हिंदू मैजिस्ट्रेट अंधाधुंध जमानतों की मंजूरी दे रहे हैं।

(बिहार राज्य अभिलेखागार, पॉलिटिकल स्पेशल, फाइल नं. 1414/1947.

अंगरेजी से अनुवाद : रेयाज-उल-हक व ममता श्रीवास्तव)

अनकही कहानी : सूर्यनारायण का बापू को जेल से पत्र

पूज्य बापू,
सादर प्रणाम।

दरभंगा जिला की आज जैसी स्थिति है, कांग्रेसी मंत्रिमंडल में आज जो यहाँ दमन चक्र चल रहा है, जमींदार और सरकारी कर्मचारियों का गठबंधन जनता और कार्यकर्ताओं पर जिस तरह जुल्म ढा रहा है, आज इसकी ओर कोई आँख उठाकर देखने वाला नजर नहीं आता। चारों ओर अंधकार ही अंधकार है। गवर्नरी शासन में यहाँ आज की तरह के दमन और जुल्म होते तो इसके विरुद्ध प्रांत के राष्ट्रीय अखबारों के कालम के कालम मोटे अक्षरों से भर दिए गए होते और हमारे नेताओं की भी आवाज इसके विरुद्ध उठी होती, जैसा कि सदा आज के पहले हुआ करता था। लेकिन आज कांग्रेसी मंत्रिमंडल में जहाँ प्रांतीय राष्ट्रीय अखबारों ने अपना मुँह बंद कर रखा है, हमारे कांग्रेसी नेताओं को भी इस ओर देखने और सोचने की फुर्सत नहीं, जिला कांग्रेस कमिटियों का हाल तो और भी बदतर है। चुनाव की धाँधली के कारण आज ऐसे लोग चोटी पर हैं जिन्हें जिला के जन जीवन का भयंकर अकल्याण भी विचलित नहीं करता, ऐसे समय में हमें अगर किसी से कुछ उम्मीद है तो वह आप ही हो सकते हैं, जिसने सदा सत्य और न्याय के लिए ही अपनी जान बाजी पर रखी है।

गत मार्च से ही इस जिले के अधिकारियों का दमन चक्र हम समाजवादी कार्यकर्ताओं पर चलने लगा, लेकिन अब तो इस क्रूर दमन चक्र का शिकार हम समाजवादियों से प्रभावित किसान मजदूर भी होने लग गए हैं। गत मार्च में जबकि जिले भर में भीषण अन्न

संकट प्रारंभ हो गया था, जिले के कोने-कोने में भूखी जनता दाने-दाने को तरस रही थी, चोर बाजार खूब गर्म था और जगह-जगह से भुखमरी की खबरें भी आने लगी थीं तो हमलोगों ने दरभंगा और मधुबनी में भुक्खड़ों के प्रदर्शन का आयोजन किया। सभा करके, जुलूस निकालकर अधिकारियों का ध्यान अन्न संकट की ओर आकृष्ट करने की कोशिश की, पर नतीजा उल्टा हुआ। मर्ज के सही इलाज के बजाय सरकार ने दमन नीति को अख्तियार किया। कुछ दिनों की चुप्पी के बाद ही न जाने किस गुप्त मंत्रणा की प्रेरणा से जिला के अधिकारियों ने वार करना प्रारंभ किया। हमारे साथियों को 'बिहार मेंटीनेंस ऑफ पब्लिक आर्डर एक्ट' का शिकार बनाया जाने लगा। जिस कानून का निर्माण प्रांत में हिन्दू-मुसलमान दंगा रोकने के लिए हुआ था, उसका उपयोग धड़ल्ले के साथ किसान-मजदूरों की सभाओं और रैलियों को रोकने के लिए किया जाने लगा। समाजवादी कार्यकर्ताओं को भी, जिन्होंने दंगा रोकने के लिए खून पसीना एक कर दिया और जिनके सफल प्रयास का लिखित प्रमाण पत्र भी कलक्टर ने दिया, इस कानून की जाल में फँसाया जाने लगा।

इस कानून के असली मकसद को ध्यान में रखे बिना ही, इसकी आड़ में नागरिक स्वतंत्रता का अपहरण होने लगा। गाँव-गाँव में 144 धारा लागू कर सभी प्रकार की सभाओं और जुलूसों पर रोक लगा दी गई। इसी अभियोग में हमारे चुने हुए साथी गिरफ्तार कर जेल में बंद कर दिए गए। फलतः इस अनुचित गिरफ्तारी के विरोध में गत 18 अप्रैल को जिला के अनगिनत किसान मजदूरों ने, जिनमें हिन्दू-मुसलमान, औरत मर्द सभी शामिल थे, अत्यंत उत्साह के साथ शांतिमय प्रदर्शन में भाग लिया। इस जिले के प्रदर्शनों में यह पहला मौका था जबकि लोगों ने हजारों की तादाद में हिन्दू-मुसलमानों को एक साथ देखा। इतने पर भी सरकार ने इन प्रदर्शनकारियों पर दंगा फैलाने का इल्जाम लगाकर हजारों मर्द और औरतों को लाठियों से पुलिस द्वारा पिटवाया। लारियों में भर-भर कर लोगों को दूर चौरों में फिंकवाया। ठीक 1931 का दृश्य आँखों के सामने उतर आया था। इस तरह के जुल्म किसी भी सरकार के लिए शर्म की बात हो सकती है। सबसे उत्तेजना देने वाली बात तो यह हुई कि औरतों पर बेरहमी

के साथ लाठियाँ चलाई गई, उन्हें सड़कों पर घसीटा गया और भद्दी-भद्दी गालियाँ भी दी गई। राष्ट्रीय झंडों को फाड़कर उनसे जूते पोंछे गए और इस सिलसिले में उस दिन 97 व्यक्तियों को गिरफ्तार कर जेल में बंद कर दिया गया।

इधर जमींदारी टूटने की चर्चा होने के समय से ही जमींदार किस तरह किसानों को बटाई जमीन से बेदखल करने पर तुले हुए हैं, इसकी जानकारी आपको प्रांतीय किसान सभा के सभापति पं रामानंद मिश्र जी के पत्र से हुई होगी। जहाँ किसान अपने कानूनी हकों को छोड़ना नहीं चाहते, वहाँ जमींदार लठैतों और किराये के गुंडों के जरिये जबर्दस्ती उन्हें जमीन से बेदखल करने की चेष्टा करते हैं। साथ ही उन किसानों को मुकदमे से लाद देते हैं। जमींदारों के पास रूपए हैं। वे आसानी से इसका उपयोग कर फायदा उठा सकते हैं। इसके अतिरिक्त जमाने में ओर से छोर तक व्याप्त महँगाई और अभाव ने धनियों के सुखों को भी कुछ कम कर दिया है, इसका असर अफसरों के दिमाग पर बड़ा गहरा है। जो सब दिन से दुखी था, उसके दुख की प्रतिक्रिया तो स्वाभाविक हो गई है, लेकिन जो सदा सुखी था, उसका थोड़ा दुख भी गंभीर प्रतिक्रिया उत्पन्न कर देता है। जमींदार की औरतें अपने पीने के लिए खुद कुएँ से पानी भरें, इतना ही हममें से एक समुदाय को द्रवित कर देता है, लेकिन जो औरतें दूसरों के लिए भी अपने बचपन, जवानी और बुढ़ापे भर पानी भरती रहती हैं, किसी को नहीं खलता। फिर किसानों और मजदूरों में कुछ चेतना आ रही है। इससे उन्हें ईर्ष्या होती है। खासकर दरभंगा के सदर सबडीवीजन के एसडीओ का तो यही कहना है कि किसान आंदोलन हम जिस तरह भी होगा दबा कर छोड़ेंगे, यही हमें ऊपर से इन्सट्रक्शन मिला है। किसानों और किसान कार्यकर्ताओं को परेशान करने के लिए सैकड़ों झूठे मुकदमे अभी जिला भर में उन पर चल रहे हैं, और उस पर से और भी नए-नए मुकदमे गढ़े जा रहे हैं। इन धांधलियों के चलते जिला भर के किसान जिस तरह तबाह किए जा रहे हैं, उनमें से दो-चार का नमूने के तौर पर उल्लेख कर देना अनुपयुक्त न होगा।

जगदीशपुर, थाना बहेड़ा, दरभंगा में सन् 1939 ईस्वी में ही किसानों ने अपने हकों की लड़ाई की, गोलियाँ खाई, पंचायती हुई

और तत्कालीन जिलाधिकारी ने किसानों की जमीन किसानों को दिला दी। अब फिर किसानों के उन जमीनों को जमींदार दखल करना चाहते हैं, दर्जनों मुकदमे किसानों को तबाह करने के लिए चलाए गए, गोलियों की धमकियाँ दी गई, लेकिन किसानों के संगठन के सामने जमींदार को मुलायम पड़ना पड़ा। पंचायती के जिम्मे सभी मामले सुपुर्द करने की बात तय हुई। तीन पंच चुने गए। लेकिन एसडीओ बी. चौधरी के आते ही सारा मामला पलट गया। गुप्त मशविरा के बाद जमींदार ने दरख्वास्त किया कि केस का ट्रायल आन मेरिट हो। फिर क्या था? 107 की धारा में किसानों से तुरंत ही लगभग डेढ़ लाख का मुचलका माँगा गया है। किसानों को पकड़ कर जेल में बंद कर दिया गया और उनकी गैरहाजिरी में ही उनके घरों को लूटा जाता, बिना वजन किए ही हर प्रकार का गल्ला उठा लिया जाता और सामानों की सूची भी नहीं दी जाती है। जमींदारों को साथ ले पुलिस अफसर लोगों के घरों में घुस कर उन्हें लूटते और किसानों को आतंकित कर परेशान करने की कोशिश करते हैं। कानूनी कार्रवाई भी इस प्रकार की जाती है कि कानून के बाहर के काम भी उसमें समा सकें। इस तरह की कार्रवाई समूचे जिले में की जा रही है। जिन किसान कार्यकर्ताओं को पकड़ा गया, उन्हें उसी जमींदार बाबू जटाशंकर चौधरी, जिन्होंने सन् 1942 ईस्वी में कांग्रेस के श्राद्ध के उपलक्ष्य में भोज का आयोजन किया था, के यहाँ 24 घंटे तक बिना दाना-पानी दिए कैदी की हैसियत में कोठरी में बंद रखा और खाना माँगने पर दारोगा ने उन्हें लाठियाँ दी। ऐसा इसलिए किया गया जिससे किसान कार्यकर्ता का आम किसानों में असर कम हो जाए और जमींदारों का रोब उन पर छा जाए।

अटहर और इलमास नगर के भी इससे मिलते-जुलते किस्से हैं। अटहर का खूनी जमींदार जिसने 25 मार्च को एक किसान के बच्चे का चुपके से खून कर डाला है, आज मजे में घूमता है, लेकिन सदर दरभंगा के एसडीओ बी. चौधरी ने वहाँ के किसानों को 107 धारा में जेल में बंद कर दिया है। यहाँ तक कि एसडीओ ने ऐसे आदमियों को भी जेल में बंद कर दिया है जिनमें दो को केवल देखने मात्र से जिलाधिकारी ने छोड़ देने का वचन दे दिया।

हालांकि वे अभी तक छोड़े नहीं जा सके हैं। उनमें से एक तो दोनों आंख का अंधा है और बरसों से इस तरह सुजा हुआ है कि आसानी से चल फिर भी नहीं सकता।

खानपुर, बिक्रमपुर और उससे मिले-जुले दूसरे गांवों में एसडीओ ने 144 धारा लागू कर दी है। मिलिटरी पोस्टिंग है, किसान पीटे गए हैं और सैकड़ों की तादाद में उनकी गिरफ्तारियाँ हुई हैं और खुद एसडीओ की देख-रेख में किसानों की फसलों को जोत कर बर्बाद कर दिया गया है, ऐसी हालत में, मैं वहाँ एसडीओ के फैसले के विरुद्ध किसानों को यह सलाह देने गया कि... लेकिन मेरे वहाँ पहुँचते ही समस्तीपुर एसडीओ बाबू बलराम सिंह भी पहुँचे और उन्होंने मुझे सभा करने का अपराधी बताया। मैंने उनसे कहा कि सभा करने की बात तो सोलहो आने गलत है। इस पर उनकी भवें तन गई और उन्होंने मुझसे पूछा– एम आई एरेस्ट देन! यह सवाल मुझे बेतुका लगा, मैंने कहा– दैट मे बी बेस्ट नोन टू योर सेल्फ। बस, मुझे लारी पर सवार होने को मजबूर किया गया और किराए की मेरी कार वहीं पड़ी रही। मुझे ही नहीं, मुझे खाना खिलाने वाले साथी को भी गिरफ्तार किया गया और आज मैं सी क्लास क्रिमिनल की जिंदगी व्यतीत कर रहा हूँ। क्या यही वह हुकूमत है, जिसके लिए आज सोलह वर्षों से कांग्रेस के एक ईमानदार सिपाही की हैसियत से लड़ता आया हूँ? क्या यह सच नहीं कि जो कुत्ते हमारा मांस नोच कर आज तक मोटे हुए, आज भी मैं उनका शिकार हूँ और पहले जहाँ दुश्मनों की छत्र-छाया में वे ऐसा करते थे, आज यह सब हमारे दोस्तों के इशारे पर हो रहा है ?

बापू ! आदर्श क्या जमीन पर उतर कर इतना घिनौना होता है, जिससे नफरत पैदा हो जाए? आप आशा के आखिरी धागे हैं जिसके टूटते ही उस भयंकर विस्फोट की संभावना मालूम पड़ती है जो बरसों के साथी और मित्र को एक दूसरे का जानी दुश्मन बना देगा। एक के हाथ में सरकारी संगीनें हैं और दूसरे के तलहत्थी पर हजार बार मातृभूमि पर चढ़ाया हुआ उच्छिष्ट सा।

आपका

सूर्यनारायण

(फाइल नं. 6 7 1947, राज्य अभिलेखागार)

जयप्रकाश नारायण का पत्र श्रीकृष्ण सिंह के नाम

सर्वोदय आश्रम तिरिल, रांची
जुलाई 27,1957

आदरणीय श्रीबाबू,

उस दिन मैंने आप से कहा था कि बिहार की राजनीति के बारे में जल्द ही मैं आपको लिखूँगा। हाल ही में गया में गौरी बाबू से कुछ ऐसी बातों का पता चला कि इस पत्र को लिखने की जरूरत महसूस हुई।

बिहार में राजनीतिक वातावरण कुछ ज्यादा ही विषाक्त हो गया है। चारों ओर संदेह और अविश्वास के बादल तैर रहे हैं ऐसे वातावरण में अच्छे काम भी आशंका की दृष्टि से देखे जाते हैं। अनुग्रह बाबू के सम्मान में स्मारक बनाने के संबंध में ऐसा ही कुछ हो रहा है। अनुग्रह बाबू की मृत्यु पर आपने उनके लिए जो उद्गार व्यक्त किया था, यदि वे झूठे नहीं हैं तो यह समझना कठिन है कि इस संबंध में इतनी भ्रांतियाँ क्यों उत्पन्न हो रही हैं। कहा जा रहा है कि जयप्रकाश नारायण इस्तेमाल हो रहे हैं। मैं पचपन साल का व्यक्ति कोई बच्चा नहीं हूँ कि कोई अपने स्वार्थ में मुझे इस्तेमाल करे। मैं वही काम करने के लिए प्रवृत्त होता हूँ जो मेरे दिल-दिमाग को छूता है।

अनुग्रह बाबू की स्मृति में स्मारक खड़ा करना एक पवित्र कार्य है, यद्यपि मुझे कोई संदेह नहीं है कि इस कार्य की सफलता से उनके कई समर्थक नाखुश होंगे। राजनीति में मैं हमेशा अनुग्रह बाबू का विरोधी रहा हूँ। तथापि उनके प्रति मेरा सम्मान और स्नेह सच्चा रहा है। मेरे लिए यह संतुष्टि की बात होगी यदि उनका स्मारक तैयार करने में मेरे प्रयासों से कोई मदद होगी।

मुझे जानकारी मिली है कि कृष्ण वल्लभ बाबू को समिति का महासचिव बनाये जाने से तरह-तरह की आशंका खड़ी हो रही है। अनुग्रह बाबू का देहांत पाँच की रात में होता है, समिति का गठन 17 को होता है। इस दरम्यान अनुग्रह बाबू के समर्थकों को उनके सम्मान में स्मारक बनाने के लिए पर्याप्त समय था। बिहार प्रदेश कांग्रेस कमिटी की एक बैठक 16 को संपन्न हुई। इस बैठक में महज़ एक प्रस्ताव पारित किया गया लेकिन स्मारक बनने के संबंध में कोई चर्चा नहीं हुई। अनुग्रह आश्रम – नेशनल हॉल – में संपन्न बैठक में संभवतः श्री मंत्रेश्वर शर्मा ने एक सामाजिक संस्थान स्थापित करने के लिए सवाल उठाया था जिसको आपने समर्थन दिया था। किन्तु यहाँ भी लोक स्मारक बनाने की कोई चर्चा नहीं हुई। अनुग्रह बाबू के कुछ समर्थकों का मानना है कि सरकार द्वारा एक सामाजिक संस्थान बना देने भर से इस संबंध में सरकार की जिम्मेदारी पूरी नहीं हो जाती है। ऐसा मानने वालों ने इस संबंध में कुछ पहल की। श्री डी. पी. शास्त्री, श्री एस एस विद्यार्थी, श्री ब्रज किशोर वर्मा जो 'योगी' के संपादक हैं तथा श्री राजेन्द्र शर्मा इस उद्देश्य के तहत मुझसे मिलने आये। उनके विचारों से मैं सहमत हूँ कि जनता की ओर से एक स्मारक बनाना उचित और आवश्यक है।

एक शोक सभा सोलह तारीख को व्हीलर सीनेट हॉल में होना तय किया गया है। सभा की अध्यक्षता के लिए डॉ. जाकिर हुसैन से अनुरोध करने का प्रस्ताव आया। किन्तु उस दिन डॉक्टर साहब पटना से बाहर रहने वाले थे। तब सभी आयोजकों का विचार हुआ कि अध्यक्षता के लिए आपसे अनुरोध किया जाएगा। लेकिन आपने विश्वविद्यालय जाने से मना कर दिया। सोलह को ही मैं लखनऊ से पटना वापस लौटा। सभा की अध्यक्षता के लिए मुझसे कहा गया। मैं तैयार हो गया। सामाजिक संस्थान के साथ-साथ जनता की ओर से भी एक स्मारक बनाने का सुझाव देवब्रत जी की ओर से आया जिसका मैंने समर्थन किया। अगले दिन आठ बजे इस प्रस्ताव पर विमर्श करने के लिए कुछ लोग बलदेव बाबू के डेरे पर जुटे। बलदेव बाबू, विपिन बाबू और अन्य लोगों का विचार सामाजिक शोध संस्थान के पक्ष में था जबकि महामाया बाबू, देवब्रत शास्त्री आदि जनता की ओर से एक स्मारक बनाने के विचार का दृढ़ता से

समर्थन कर रहे थे। अंत में यही विचार स्वीकृत हुआ। इस कार्य को सम्पन्न करने के लिए बैठक में ही सबों की सहमति से एक कमिटी का गठन कर दिया गया।

यह भी निर्णय लिया गया कि जो बैठक में नहीं आए थे उनकी भी सहमति ले ली जाय। इसी उद्देश्य के तहत मैं आपसे मिलने गया। इस कमिटी का चेयरमैन बनने के लिए सभी ने मुझसे अनुरोध किया। भूदान कार्यों में व्यस्तता के चलते इस जिम्मेदारी को वहन करने में मुझे कुछ हिचकिचाहट थी। तथापि मैंने उनके अनुरोध को स्वीकार कर लिया। मैं सपने में भी नहीं सोच सकता था कि इस जिम्मेदरी को स्वीकार कर मैंने कोई अनुचित कार्य किया है। तथा कि मैं किसी के द्वारा इस्तेमाल किया गया हूँ। अनुग्रह बाबू से मेरा रिश्ता परिवार के सदस्य की तरह था। मेरी सोच तो यह थी कि जीवन काल में मैं अनुग्रह बाबू के किसी काम नहीं आ पाया, कम से कम मृत्यु के बाद भी मैं किसी तरह उनकी सेवा कर पाऊँ। मैं आज भी इसी भावना से वशीभूत हूँ।

शुरू से ही कृष्ण वल्लभ बाबू ने इस काम में अपना लगन दिखलाया था, अतः उनका महासचिव बनना स्वाभाविक ही था। वे राज्य कांग्रेस के महत्वपूर्ण नेता हैं। जो जिस काम में लगन और समर्पण दिखाए उसका उस काम को अंजाम देने के लिए बनायी कमिटी का पदाधिकारी बनना कहीं से आशंका पैदा करने वाला काम नहीं है। इसी के तहत कृष्ण वल्लभ बाबू तथा श्री देवब्रत शास्त्री बिना किसी बाधा के महासचिव तथा संयुक्त सचिव बनाए गये। अनुग्रह बाबू के घनिष्ठ सहयोगी तथा मित्र के रूप में यदि आपने इस काम को करने का बीड़ा उठाया होता तो कमिटी के पदाधिकारी बिल्कुल दूसरे लोग होते।

यह भी नहीं कहा जा सकता है कि बलदेव बाबू के आवास पर जिस कमिटी का गठन किया गया वह जल्दबाजी में किया गया काम था। अनुग्रह बाबू की मृत्यु के बारह दिन बीत चुकने के बाद भी इस संबंध में किसी कोने से पहल नहीं हुई थी। इस दरम्यान देवब्रत शास्त्री जी एवं उनके मित्र इस संबंध में लोगों से मिलते रहे। इसी क्रम में उन्होंने नंद कुमार बाबू से भी मिलकर विचार-विमर्श किया। इस तरह यदि अनुग्रह बाबू के पक्के तथा उत्साही समर्थकों

ने बारह दिनों के बाद इस काम को अंजाम दिया तो उन्होंने केवल अपना काम किया।

कुछ लोग ऐसी बातें भी कर रहे हैं कि कृष्ण वल्लभ बाबू तथा अन्य लोगों की दिलचस्पी अनुग्रह बाबू का स्मारक खड़ा करने की नहीं है, बल्कि इसके माध्यम से अपनी राजनीति को चमकाना है। ऐसा कहने वाले बीमार मानसिकता के लोग हैं। इसके अलावा, यदि कोई व्यक्ति कोई अच्छा काम कर प्रसिद्धि प्राप्त करता है तो इससे दूसरों को जलन भी नहीं होनी चाहिए। जब तक कृष्ण वल्लभ बाबू आपकी हाँ में हाँ मिलाते थे तो उनकी उन्नति पर किसी को एतराज नहीं था। अब जबकि उनको आपका समर्थन प्राप्त नहीं है ऐसे लोगों का मानना है कि उनकी तरक्की अब और ज्यादा नहीं होनी चाहिए। ऐसी ही मानसिकता से बिहार प्रांत तथा बिहार प्रांतीय कांग्रेस की ऐसी अधोगति हुई है। किसी खास कैम्प में रहने के कारण एक व्यक्ति अपनी तमाम बुराइयों के बावजूद अच्छा कहलाता है, किंतु जैसे ही वह उस कैम्प को छोड़ कर विरोधी कैम्प में चला जाता है वही व्यक्ति अपनी तमाम अच्छाइयों के बावजूद घृणित हो जाता है। ऐसी मानसिकता से भारत की तरक्की नहीं हो सकती है। ऐसी मानसिकता विशुद्ध स्वार्थ की उपज होती है और किसी विचारधारा और सिद्धान्त से इसका कोई लेना-देना नहीं होता है। बिना आदर्श और सिद्धान्त के कोई व्यक्ति कुछ भी हासिल नहीं कर सकता है।

महेश बाबू और कृष्ण वल्लभ बाबू आपके सबसे प्रिय समर्थक थे। कृष्ण वल्लभ बाबू अब आपके समर्थक नहीं रहे। दोनों ही चुनाव हार गए। क्योंकि महेश बाबू आपके समर्थक हैं, वे राज्य खादी बोर्ड के चेरयमैन बनाए गये, उनको बंगला, चपरासी, टेलीफोन तथा अन्य सुविधाएँ दी गईं। आगे चल कर उनको बिहार प्रांतीय कांग्रेस का कोषाध्यक्ष भी बनाया गया। कहने का तात्पर्य यह कि उनको आगे बढ़ाने के सभी उपाय किये गये। बिहार और कांग्रेस पार्टी के लिए अपनी तमाम सेवा के बावजूद कृष्ण वल्लभ बाबू आज कहीं नहीं हैं। आपकी योजनाओं में उनका कोई स्थान नहीं है। और जब वे स्मारक समिति के महासचिव बनाए जाते हैं तो तरह-तरह की आशंकाएँ खड़ी की जाती हैं। ऐसी स्थिति में यह प्रांत कहाँ जा कर ठहरेगा यह ऊपर वाला ही बता सकता है। ऐसा

भी मुझे सुनने में आया है कि बीमारी के दौरान अनुग्रह बाबू से मिलने जाने वालों की पहचान करने के लिए कड़ी निगरानी रखी जाती थी। मैंने सुना है कि छह तारीख को एक उपमंत्री जब अनुग्रह बाबू से मिलने जा रहे थे तो जैसे ही उन्हें पता चला कि आप भी वहीं हैं, वह आधे रास्ते से ही लौट पड़े। ऐसा वातावरण पल रहा है इस प्रांत में !

आज यह महत्वहीन है कि कोई व्यक्ति कांग्रेस और देश का कितना सच्चा सिपाही और नागरिक है। केवल एक चीज का महत्व रह गया है कि वह किस खेमे का है। हे ईश्वर, इस राज्य की रक्षा करो ! यदि आपने इसका ध्यान रखा होता कि कांग्रेस को कैसे मजबूत किया जाए, इसका नहीं कि कौन आपका समर्थक है और कौन विरोधी, तो आपने कृष्ण वल्लभ बाबू की वही सहायता की होती जो सहायता आप महेश बाबू को पहुँचा रहे हैं।

हजारीबाग जिला का हम उदाहरण लें। कांग्रेस का वहाँ बिल्कुल सफाया हो गया। यदि आप कांग्रेस को हजारी बाग में पुनर्जीवित करना चाहें तो क्या आप यह काम कृष्ण वल्लभ बाबू को दबाकर कर सकते हैं? इसके लिए आपने उनको पूरी सहायता देनी होगी। यद्यपि मैं कांग्रेस में नहीं हूँ तथापि इस तथ्य से कि इस देश का वर्तमान और कुछ हद तक भविष्य कांग्रेस के हाथ में है, कांग्रेस में गिरावट चिंता पैदा करती है। आप ऐसा न समझें कि कृष्ण वल्लभ बाबू के बारे में मैं ऐसा इसलिए लिख रहा हूँ कि वे अपनी परेशानियों का कच्चा चिट्ठा लेकर मेरे पास आये थे। आप जानते हैं कि वे एक आत्मसम्मान वाले व्यक्ति हैं। वे मेरे ऐसे किसी व्यक्ति के पास जाने के लिए सपने में भी सोच नहीं सकते हैं जो उनके किसी अनुरोध पर कुछ नहीं कर सकता है। मैं आपको वही लिख रहा हूँ जो मैं उचित समझता हूँ।

अब मैं बिहार की राजनीति के बारे में कुछ शब्द लिखना चाहता हूँ। यद्यपि मैंने पहले जो लिखा है उसका संबंध इसी विषय से है। आप मुझसे ज्यादा जानते हैं कि किस तरह राज्य की राजनीति पतित हो गई है भ्रष्टाचार का कितना ज्यादा घुसपैठ बढ़ा है, आपसी खींचतान कितनी ज्यादा है और जातिवाद का प्रभाव कितना बढ़ गया है। इसके कई कारण होने चाहिए। लेकिन एक सबसे अहम कारण नेताओं का स्वार्थ और निजी महत्वाकांक्षा है। किसी पार्टी में सैद्धान्तिक सवालों

पर होने वाले मतभेद तथा टकराव तो समझा जा सकता है किन्तु जो बात समझ से परे है, वह यह है कि पार्टी में अंदरूनी कलह इस बात पर हो गई हो कि अमुक व्यक्ति को अमुक पद क्यों मिला। आपके और अनुग्रह बाबू के बीच बरसों से चला आ रहा द्वंद्व बिहार कांग्रेस की वर्तमान दुर्भाग्यपूर्ण स्थिति का मूल कारण है। बिहार में जातिवाद ने जो खतरनाक मोड़ लिया है उसके लिए भी यही द्वंद्व जिम्मेदार है। बिहार को जानने वाला कोई भी व्यक्ति इस बात से इंकार करेगा कि आप या अनुग्रह बाबू में जातिवादी सोच है। बावजूद इसके आपकी सरकार को भूमिहार राज तथा अनुग्रह बाबू को राजपूतों के नेता के रूप में देखा जाता है। आपलोग सार्वजनिक मंचों से जातिवाद को तो खूब कोसते हैं किन्तु जातिवाद की जड़ पर आपका ध्यान नहीं जाता है। इसी प्रकार, कांग्रेस जनों से बात करते हुए आप लोग आपसी खींचतान तथा गुटबाजी की आलोचना तो खूब करते हैं, लेकिन इस समस्या के मुख्य स्रोत पर आप लोगों का कोई ध्यान नहीं जाता है। मैं नहीं समझ पाता हूँ कि मुख्यमंत्री की कुर्सी में ऐसा क्या आकर्षण है जो आप और अनुग्रह बाबू जैसे महान पुरुषों को अपनी ओर खींचता है। आप दोनों एक ही कद के नेता रहे हैं। कितना अच्छा हुआ होता यदि आपने कहा होता कि मैं एक बार मुख्यमंत्री रह चुका हूँ, अब अनुग्रह बाबू के मुख्यमंत्री बनने की बारी है। ऐसा केवल आप ही कर सकते थे क्योंकि 1937 से ही आपको बहुमत प्राप्त है। अनुग्रह बाबू का राजेन्द्र बाबू से आग्रह था कि नेतृत्व के लिए उनके नाम पर विचार न किया जाए। यह उदारता आगे जारी नहीं रह सकी। यदि आपने इसी उदारता का परिचय शुरुआती दौर में दिया होता तो जनता की नज़र में आप और ज्यादा महान होते, बिहार कांग्रेस बहुत मजबूत हुई होती, लोगों के आपसी संबंध बड़े अच्छे हुए होते। भ्रष्टाचार का इतना बोलबाला नहीं होता तथा जातिवाद, यदि पनपा भी था, तो मुरझा कर मर गया होता। बिहार में प्रशासन का स्तर कितना ऊँचा हुआ होता? नौकरियों में जातिवाद के अस्तित्व ने इस राज्य का कितना नुकसान किया है, इससे आपसी झगड़े कितने ज्यादा बढ़े हैं, आप इससे पूरी तरह अवगत हैं। जो होना था सो हो चुका, अब तो भविष्य के बारे में सोचना है। ऐसा प्रतीत होता है कि आप इस सोच से निर्देशित होते हैं कि कौन आपका समर्थक है और कौन विरोधी। आप के पास एक अच्छा मौका आया है।

वर्तमान परिस्थिति आप से असाधारण योग्यता की माँग करती है। यदि आप चाहें तो संदेहों से घिरा यह विषाक्त वातावरण समाप्त हो सकता है। यदि आपके रहते यह जहर समाप्त नहीं किया जा सका तो भविष्य में कौन करेगा? विषैली अमरलता की तरह जातिवाद ने पूरे बिहार को जकड़ लिया है। केवल आप ही इसे उखाड़ फेंक सकते हैं। इस देश की राजनीति में उत्तराधिकारी चुनने की प्रथा शुरू हो चुकी है। मैं इसका समर्थन नहीं करता हूँ। मेरा पक्का मानना है कि यदि आप जातिवाद की जड़ को काटना चाहते हैं तो आपको निर्णय लेना होगा कि आपके बाद आपकी जाति का कोई व्यक्ति मुख्यमंत्री नहीं बन सके। ऐसा नहीं है कि महेश बाबू के अलावा बिहार में कांग्रेस में कोई योग्य व्यक्ति नहीं है। योग्यता से ज्यादा ईमानदारी की आज जरूरत है।

एक ऐसे ही अति गंभीर विषय की चर्चा करना चाहता हूँ। पटना में सभी जगह चर्चा है कि पिछली बार के नेतृत्व के चुनाव में विधायकों को खरीदने में खूब रकम खर्च की गये। किसको कितना मिला इसकी भी जानकारी लोगों को है। ऐसी भी चर्चा है कि एक खास व्यक्ति को दो चेक दिए गये थे किन्तु चुनाव के बाद बैंक को निर्देश दिया गया कि दूसरे चेक का भुगतान नहीं करे। इतनी तक चर्चा है कि एक व्यक्ति रूपया लाने हवाई मार्ग से जमशेदपुर गया तो कोई दूसरा राज्य के दूसरे उद्योगपति से रूपया लेकर आया। सरेआम ऐसी बातों की चर्चा हो रही है। ऐसी स्थिति में न तो आपकी सरकार की कोई इज्जत बनी रहेगी, न ही बढ़े भ्रष्टाचार पर रोक लग सकेगी तथा राजनीति का और पतन होगा। इसलिए यह आवश्यक हो जाता है कि इस मामले की मुकम्मल जाँच हो। और यदि यह सही पाया जाता है तो इसमें उचित सुधार लाया जाए। ऐसे कदम उठाए जायें कि निष्पक्ष लोगों को लगे कि उचित कार्रवाई हुई है। ऐसा करना कम से कम आपकी व्यक्तिगत प्रतिष्ठा को बचाने के लिए बिल्कुल आवश्यक हो गया है।

(पत्र का मुख्य अंश)

अंग्रेजी से अनुवाद : अशोक यादव

श्रीकृष्ण सिंह का पत्र जे.पी. के नाम

कैंप, रांची
25 अगस्त, 1957

प्रिय जयप्रकाश बाबू,

27 जुलाई का आपका पत्र मिला। इस पत्र के भेजे जाने के पहले आपने मुझसे चर्चा की थी कि आप बिहार में राजनीति की स्थिति पर लिखेंगे और तत्पश्चात इस संबंध में मुझसे बात भी करेंगे। आपकी बात से मेरे मन में आशा जगी थी। अभी हमने जिस महान मित्र को खोया है वे आप के भी मित्र थे। उनकी मौत बहुत पीड़ादायक थी। मृत्यु में लोगों के मनों को पवित्र करने की क्षमता होती है और ऐसे महान दोस्त की मौत तो और ज्यादा प्रभाव पैदा करती है। मैंने यही समझा था कि ऐसे ही मनोभाव में आप बिहार की राजनीति की गुत्थियों को सुलझाने के लिए प्रवृत्त हुए हैं और मैंने उम्मीद की थी कि आपके पत्र में रचनात्मक बातें होंगी। किंतु आपका पत्र पढ़ कर मुझे बेहद निराशा और पीड़ा हुई। मैं यह टिप्पणी करने से अपने को रोक नहीं सका कि इस तरह की सोच से इस देश का कोई भला नहीं हो सकता। मुझे निराशा और पीड़ा हुई लेकिन आश्चर्य नहीं हुआ।

आपके खत के मजमून को देखकर मुझे लगता है कि यह बिहार के दूषित वातावरण में मौजूद शक-संदेह से प्रभावित है। आपने अपने पत्र में आरोप लगाया है कि बीमारी के दौरान अनुग्रह बाबू से मिलने के लिए जाने वालों की शिनाख्त की जाती थी। इससे भी गंभीर बात आपने यह कही है कि एक उप मंत्री जो अनुग्रह बाबू से अंतिम बार मिल कर उनके प्रति अपना सम्मान प्रकट करना चाहते थे, बीच रास्ते

से इसीलिए लौट कर चले गए कि उन्हें जानकारी मिली कि मैं पहले से ही वहाँ मौजूद था। बिहार के जिस दूषित, शक-संदेह से भरे वातावरण की चर्चा आपने अपने पत्र में की है उसमें तो ऐसी कहानियां गढ़ने वालों की कोई कमी नहीं है। कोई नीच व्यक्ति ही किसी की मौत के सामने या तुरंत बाद ऐसे विचारों को अपने मन में फटकने दे सकता है फिर भी आपने ऐसी कहानी पर विश्वास करके, ईश्वर तथा राज्य की बेहतरी के नाम पर मुझे उपदेश पिलाया।

आपके अनुसार मैं महेश बाबू को आगे बढ़ाना चाहता हूँ तथा कृष्ण वल्लभ बाबू की उन्नति को रोकने की जुगत लगाता हूँ और ऐसा कर मैं नैतिक मानदंडों का पालन नहीं कर रहा हूँ। आपने जो लिखा है उससे तो यही पता चलता है कि राज्य की स्थिति का आकलन करते हुए आप भी शक-संदेह से भरे वातावरण के प्रभाव से मुक्त नहीं हो सके। आपने बाजारू काना-फूसी को तरजीह दी, सुविधानुसार कुछ पर विश्वास किया ओर कुछ पर अविश्वास। हो सकता है आपने ऐसा अचेतन मन से किया हो। यह शायद आपके अचेतन चिंतन से ही संभव हो पाया है कि आपके पत्र में महेश बाबू को नीचे गिराने तथा कृष्ण वल्लभ बाबू को ऊँचा उठाने के प्रयास की झलक मिलती है। आपका पत्र पढ़ने के बाद कृष्ण वल्लभ बाबू के बारे में मैं क्या सोचता हूँ, यह बताने की जरूरत नहीं। कुछ दिनों पहले वे मुझसे अकेले में मिले थे, तब मैंने बड़े ही दुखी मन से उन्हें बता दिया था कि उनके बारे में मैं क्या सोचता हूँ। मैं सिर्फ इतना ही कह सकता हूँ कि वे स्वाभिमानी और सक्षम व्यक्ति नहीं हैं। आप कहते हैं कि वे अपना दुखड़ा सुनाने, किसी लाभ के लिए आपके पास प्रचार करने नहीं आए थे। आप आगे यह भी कहते हैं कि वह आप जैसे व्यक्ति, जिनसे पीछे भी कभी उनका कुछ लेना देना नहीं रहा, से मिलने की बात शायद सपने में भी नहीं सोच सकते। मैं भी स्वीकार करने के लिए बाध्य हूँ कि खासकर इस मामले में अपने पक्ष में माहौल बनाने के लिए उन्होंने आपसे संपर्क नहीं किया।

मैं आपको बताना चाहता हूँ कि महेश बाबू और कृष्ण वल्लभ बाबू से संबंध स्थापित करने में मैंने उन्हीं आदर्शों को अपनाया जिन्हें आप

सही मानते हैं। कौन किसका हिमायती है, यदि मैं इससे प्रभावित हुआ होता तो कृष्ण वल्लभ बाबू जिनके साथ अटूट विश्वास का संबंध जो पिछले बीस वर्षों से चला आ रहा है, नहीं होता। अपने पत्र में आपने 1937 के बहुमत का जिक किया है और इस विषय पर कुछ अन्य बातें भी कही हैं। अनुग्रह बाबू की मौत के तुरंत बाद आपने ऐसी बातें कर मेरे प्रति निष्ठुरता दिखाई है। फिर भी स्थितियों को देखते हुए मैं सिर्फ इतना कहना चाहता हूँ कि आप राजेंद्र बाबू की जीवनी के पृष्ठ संख्या 472 देख लें कि 1937 में मेरे नेता चुने जाने के बारे में उनका क्या कहना है। यह सामान्य जानकारी है कि उस चुनाव में कृष्ण वल्लभ बाबू ने मेरा कड़ा विरोध किया था। वे स्टीमर घाट पर अनुग्रह बाबू को नेता चुनने आ रहे लोगों को समझाने पहुँच गए थे। लेकिन नेता चुने जाने के बाद मैंने उन्हें कैबिनेट में शामिल करने का प्रस्ताव रखा। उनका नाम कई लोगों को स्वीकार नहीं था। मैं तत्काल उन कारणों का जिक्र करना नहीं चाहता। चूँकि गवर्नर उस समय राँची में थे। मुझे उन्हें सूची सौंपने के लिए जाना पड़ा। राँची प्रस्थान करने से पूर्व मेरे सहयोगी कृष्ण वल्लभ बाबू को कैबिनेट में रखने के बारे में अपना मन नहीं बना पाए थे। मैं रांची गया और सिर्फ कृष्ण वल्लभ बाबू को अपने साथ ले गया। राँची पहुँचकर, गर्वनर से मिलने के पहले मैंने पटना फोन किया। कृष्ण वल्लभ बाबू मेरे बगल में बैठे थे, ऐसे में साफ-साफ बात नहीं हो पाई। मुझे परामर्श दिया गया कि कैबिनेट में सिर्फ चार लोग होने चाहिए। इस प्रकार मेरे समर्थन के बावजूद कृष्ण वल्लभ बाबू शामिल नहीं किए जा सके। इसके बाद उन्हें संसदीय सचिव नियुक्त किया गया। मैंने सिर्फ उन्हें अपने साथ सम्बद्ध ही नहीं किया उन पर इस हद तक भरोसा किया कि प्रांत में यह कहा जाने लगा कि कृष्ण वल्लभ बाबू डिफैक्टो प्रधानमंत्री हैं। जब 1946 में कैबिनेट गठित हो रही थी, मैंने कृष्ण वल्लभ बाबू को शामिल करना चाहा। लेकिन शुरू में ही निर्णय हो गया कि कैबिनेट में चार लोग रहेंगे। मैं इस बार भी उन्हें कैबिनेट में शामिल नहीं कर सका। बाद में जब कैबिनेट विस्तार का फैसला हुआ, मैंने फौरन कृष्ण वल्लभ बाबू को शामिल कर लिया। कुछ दिनों बाद महात्मा गांधी ने

परामर्श दिया कि कृष्ण वल्लभ बाबू को कैबिनेट से ड्राप कर दूँ। मैंने उन्हें जवाब दिया—मैं उनके आदेश को मानने के लिए तैयार हूँ, लेकिन उनके साथ मुझे भी बाहर जाना पड़ेगा। कृष्ण वल्लभ बाबू का निष्कासन रुक गया। 1952 के चुनाव के बाद मंत्रिपरिषद के गठन का सवाल उठा। मुझे परामर्श दिया गया कि कृष्ण वल्लभ बाबू को कत्तई न शामिल करूँ, जिसे मैंने खारिज कर दिया। क्या मैं पूछ सकता हूँ कि किसी भी सहयोगी को आगे बढ़ाने के लिए इससे ज्यादा वफादारी प्रदर्शित की जा सकती है? आप कांग्रेस के खिलाफ मोर्चा बनाने को अग्रसर रहे और इसलिए यदि आप हजारीबाग और छोटानागपुर में कांग्रेस को पुनर्जीवित करने को लेकर चिंतित हैं तो यह हजारीबाग और छोटानागपुर का सौभाग्य है। लेकिन आपने कांग्रेस के पराभव के कारणों का बाजारू और चलताऊ बातों को आधार बनाया है, लेकिन आपने उसका गलत निदान ढूँढ लिया है। बीस सालों तक छोटानागपुर को मैंने खासकर कृष्ण वल्लभ बाबू के जिम्मे छोड़ दिया था। मैंने देखा कि कई अनुभवी कांग्रेसी पार्टी से बाहर जा रहे हैं। छोटानागपुर की समस्या का समाधान इस पर निर्भर है कि हम आदिवासियों के बारे में क्या नीतियाँ अपनाते हैं। इस नीति के निर्धारण में भी पूरी तरह कृष्ण वल्लभ बाबू द्वारा दिशा-निर्देशित किया गया था। मैंने इसमें हस्तक्षेप नहीं किया। आज आपकी शिकायत है कि हजार बाग और छोटानागपुर में मैं कृष्ण वल्लभ बाबू को प्रोत्साहित नहीं कर रहा हूँ, जो मुझे करना चाहिए। करीब बीस सालों तक कृष्ण वल्लभ बाबू को सरकार में मैंने वह स्थान दिया जो महेश बाबू सपने में भी नहीं सोच सकते थे। कुछ लोग सोचते हैं कि मैं मूर्खता कर रहा हूँ। और मुझे एसहास होने लगा है कि कृष्ण वल्लभ बाबू को खुला छोड़ कर मैंने वाकई मूर्खता की। कुछ मेरे पुराने मित्रों ने चिढ़ कर मेरा साथ छोड़ दिया, सिर्फ इसलिए कि मैं कृष्ण वल्लभ बाबू को इतनी तवज्जो दे रहा था। मेरे लिए यह संतोष का विषय है कि ये लोग आज वल्लभ बाबू के सहयोगी हैं फिर भी यह तथ्य है कि मैंने उन्हें बढ़ावा दिया। इसके बावजूद जैसा कि लोग कहते हैं और मैं भी

कहता हूँ कि कांग्रेस ने हजारीबाग और छोटानागपुर को खो दिया है। यह सब होते हुए भी आपने कांग्रेस के भविष्य के लिए जो चिंता जतायी है, उससे यही निष्कर्ष निकलता है कि हजारीबाग और छोटानागपुर में कांग्रेस का पुनरुद्धार कृष्ण वल्लभ बाबू को आगे रख कर ही संभव है। आपके इस निदान एवं सुझाए गए इस इलाज के बाद, आंपके ही शब्दों में मैं यह कहने को बाध्य हूँ कि भगवान इस राज्य की रक्षा करे।

अब महेश बाबू को आगे बढ़ाने के सवाल पर आते हैं बिहार की राजनीति के संदर्भ में महेश बाबू शुरू से हमारे आदमी रहे हैं। वह 1937 में पहली बार विधानसभा के सदस्य बने। वे 1946 में दुबारा चुने गए। जनता के बीच उनके काम, जिला परिषद के प्रबंधन आदि के बारे में मुझे पूरी जानकारी थी। मैं जानता था कि वह एक अच्छे और सफल मंत्री साबित होंगे। मैंने उस समय भी उन्हें मंत्रिपरिषद में शामिल करने का सवाल नहीं उठाया। फिर 1952 का चुनाव आया। उनके खिलाफ आपके द्वारा बनाया गया मोर्चा असफल रहा और वे चुनाव जीत गए। जब मंत्रिपरिषद के गठन का सवाल आया, महेश बाबू ने खुद को मंत्रिमंडल में शामिल किए जाने की एकबार भी चर्चा नहीं की। मंत्रिपरिषद के गठन के संबंध में मेरे दिल्ली रवाना होने से पहले कुछ मित्रों ने जब प्रस्ताव रखा कि रामचरित्र बाबू को हटा कर महेश बाबू को मंत्रिपरिषद में शामिल किया जाना चाहिए तो उन्होंने इसका विरोध किया। लेकिन मेरे कई मित्रों ने मुझसे अनुरोध किया कि महेश बाबू को मंत्रिपरिषद में शामिल किया जाना चाहिए। अंततः मैं दिल्ली गया। रामचरित्र बाबू के बारे में शिकायतें दिल्ली पहुँच चुकी थीं। इसी आधार पर मुझसे दिल्ली में एक बार नहीं, कई बार रामचरित्र बाबू को ड्राप करने के लिए कहा गया। मेरे लिए महेश बाबू को आगे बढ़ाने का क्या इससे ज्यादा स्वर्णिम अवसर दूसरा हो सकता था? शुरू में दिल्ली में मैं महेश बाबू को मंत्रिपरिषद में शामिल नहीं करा सका, क्योंकि दिल्ली में राय थी कि मंत्रियों की संख्या ग्यारह से अधिक नहीं होनी चाहिए। इस संख्या में मैं पिछड़े व अन्य वर्ग के लोगों को शामिल करना चाहता था।

रामचरित्र बाबू को मंत्रिपरिषद से हटाने का प्रस्ताव मेरे लिए महेश बाबू को मंत्रिपरिषद में लाने का मार्ग प्रशस्त करने का सुअवसर था। दूसरों को शिकायत करने का मौका दिए बगैर मैं रामचरित्र बाबू को हटा कर महेश बाबू को स्थापित कर सकता था।

(पत्र का मुख्य अंश)

अंग्रेजी से अनुवाद – शशिभूषण

रामानंद तिवारी का पत्र कर्पूरी ठाकुर के नाम

(कर्पूरी ठाकुर और रामानंद तिवारी के बीच की लड़ाई)

5/23,आर. ब्लाक
पटना–1
दिनांक 20 जुलाई,1972

आदरणीय कर्पूरी जी,
सादर प्रणाम!

इसके पहले भी कई बार, अनेक अवसरों पर आपको पत्र लिखता रहा। परन्तु उनमें से एक–दो को छोड़कर किसी का भी उत्तर आपसे कभी प्राप्त नहीं हुआ है। इस बार बहुत ही आशा और विश्वास के साथ आपको यह पत्र लिख रहा हूँ कि संभवतः आप इस पर गम्भीरतापूर्वक विचार करेंगे और इसका उत्तर देने का कष्ट करेंगे।

कर्पूरी जी! मुझे सुनने में आया है कि आजकल आप सबसे मिलकर यह कह रहे हैं कि यदि हमलोग बिहार की पार्टी में एकता बनाए रखें तो सारे देश में पार्टी के नेताओं को फिर एक में आना होगा और पार्टी की एकता बरकरार रह जायेगी। इस सिलसिले में आप बिहार में पार्टी के सभी साथियों से मिल रहे हैं यदि नहीं मिल रहे हैं तो सिर्फ मुझसे, तो क्या मैं ऐसा मान लूँ कि आपकी नजरों में बिहार की पार्टी में मुझको छोड़कर सबका महत्व है अथवा आप जान–बूझकर मेरी उपेक्षा कर रहे हैं? यदि ऐसी बात है तो फिर आपका एकता का कैसा प्रयास चल रहा है, मेरी समझ से बाहर है। हो सकता है कि आपका प्रयास बिल्कुल शुद्ध हो, परन्तु आपका व्यवहार जैसा हो रहा है उससे मैं ऐसा सोचने पर मजबूर हूँ।

कर्पूरी जी! अप्रैल महीने में जब राष्ट्रीय तदर्थ समिति की बैठक

हुई, जिसमें श्री राजनारायण को निलंबित किया गया, उसमें आप नहीं गये। मैं आपके साथ वर्षों इस पार्टी में काम करता रहा हूँ ,बल्कि आपके बड़े भाई की तरह रहा हूँ। क्या यह आपके लिए उचित नहीं था कि आप उस बैठक के पहले मुझसे बात करते और कहते कि आप इन-इन कारणों से बैठक में नहीं जा रहे हैं तथा आपके ये-ये विचार हैं? परंतु आपने वैसा नहीं किया बल्कि उस बैठक में जाने के पहले मैंने श्री सूरज बाबू के घर पर आपसे पूछा कि आप दिल्ली चल रहे हैं न, तो आपने कहा कि अभी कोई निश्चित नहीं है। आपकी बातों से यह कत्तई स्पष्ट न था कि आप नहीं जा रहे हैं और न यही खुलासा था कि जा ही रहे हैं। आप अनिश्चय की स्थिति में थे। फिर भी, आप किस प्रकार सोच रहे थे, इस पर आपको मुझसे बात करनी चाहिए थी जो आपने नहीं की।

श्री राजनारायण के निलंबन के बाद जब उन्होंने इलाहाबाद में अपना तथाकथित शिविर-सम्मेलन बुलाने की घोषणा की तो उसके बाद भी आप सबसे मिलते रहे, परन्तु मेरी उपेक्षा करते रहे। मैंने कई बार एकता के सम्बन्ध में आपसे मिलने का प्रयास भी किया, परन्तु आपकी ओर से कोई प्रयास मेरी जानकारी में नहीं हुआ। यहाँ तक कि मैं आपके घर पर भी गया, कई बार फोन किया, जिसके साक्षी श्री सुरेन्द्र 'अकेला' (तब पत्रकार सुरेंद्र किशोर कर्पूरी ठाकुर के पीए थे।) हैं, परन्तु आप नहीं मिले। 29–4 को आपका एक पत्र आया कि आप खुद आकर मुझसे मिलेंगे परन्तु मैं आपकी प्रतीक्षा ही करता रहा, आप नहीं आये। हो सकता है, आपने किसी वैसे समय में मिलने का प्रयास किया हो जब संयोगवश मैं पटने के बाहर रहा होऊँ; परन्तु ऐसे समय में जब मैं और आप दोनों पटने में हों, आपने कभी मुझसे बात करेने का प्रयास नहीं किया।

श्री राजनारायण द्वारा अलग पार्टी बना लेने की घोषणा के बाद भी मैं आपसे मिलने और बातें करने का प्रयास करता रहा, पर आपसे मेरी भेंट न हो सकी, परंतु आप सबसे मिलते रहे, सिर्फ छोड़ते रहे मुझको और श्री बसावन सिंह को। यहाँ तक कि 18 मई को जब मैंने सुना कि आप अलग पार्टी बनाने की घोषणा करने जा रहे हैं और इस संबंध में मुझको और बसावन बाबू को छोड़कर सबसे मिल रहे हैं, तो मुझको बड़ी चिंता और दुख हुआ। यहाँ तक

कि आप मेरे घर की पास वाले सड़क से गुजरे और मुझसे नहीं मिले, तो मुझे बहुत दुख हुआ। तब, मैंने भी लोगों से मिलना शुरू किया और उसी सिलसिले में आपसे अकस्मात् श्री सभापति सिंह के घर पर मुलाकात हो गयी। वहाँ भी आप मुझसे कुछ नहीं बोले। जब श्री सभापति सिंह ने कहा कि कर्पूरी जी, आप और तिवारी जी आपस में बातें करें तो आपने कहा कि आप तो चाहते हैं, परंतु मुझसे भेंट ही नहीं हो पा रही है। इस पर मैंने अपने द्वारा आपसे मिलने के प्रयासों का जिक्र किया। आपने उस दिन तय किया कि आप मुझसे मिलेंगे। तीन बजे दिन में आपका टेलीफोन आया कि अभी समय नहीं है, आप मुझसे संध्या में सवा सात बजे मिलेंगे। आप संध्या सवा सात बजे आये जरूर, परंतु तब, जबकि आप अपना प्रेस-सम्मेलन करके एक नयी पार्टी, सोशलिस्ट पार्टी के गठन की घोषणा कर चुके थे। मैंने आपसे कहा था कि कर्पूरी जी, अब, जबकि आप एक नयी पार्टी के गठन की घोषणा कर चुके हैं तब फिर हमलोगों की बातचीत का मतलब क्या होगा? फिर भी मैंने आपसे अनुरोध किया था कि आप पार्टी से अलग कोई नयी पार्टी न बनावें। आप और हम सब लोग इसी पार्टी में रहकर पार्टी की एकता को मजबूत करें। परंतु आप नहीं माने। आपने न सिर्फ अलग पार्टी बना ली, भले ही आज उसका अलग नाम या झंडा न रहा हो, परंतु जिस ढंग से आप काम कर रहे हैं, वह एक अलग पार्टी का ही स्वरूप है। बल्कि आपने तो पार्टी की प्राथमिक सदस्यता से भी इस्तीफा करके पार्टी में एकता लाने का जो अभिनव प्रयास किया है, मेरी समझ में नहीं आता और, वह भी तब जब आप अपने इस प्रयास में बिहार के तमाम साथियों से बातें कर रहे हैं, यदि छोड़ रहे हैं तो सिर्फ मुझको और बसावन बाबू को। इसका तो यही अर्थ हो सकता है न कि आप बिहार पार्टी के संदर्भ में हमारा कोई महत्व नहीं देते या जानबूझ कर हमारी उपेक्षा करते हैं अथवा पार्टी की एकता में एकमात्र हमको ही बाधक समझते हैं। आपने, जैसा कि मुझे सूचना मिली है, छपरा की अपनी सभा में कहा है कि अमुक जिले में 90 प्रतिशत अमुक जिले में 80 प्रतिशत और कहीं 60 प्रतिशत पार्टी के साथी आपके साथ हैं। मैं इस बहस में नहीं पड़ना चाहता, क्योंकि मैंने ऐसा दावा कहीं नहीं किया है। मैं नहीं जानता

कि आपके ऐसा कहने के बारे में मेरी सूचना कहाँ तक सही है अथवा आपका दावा कहाँ तक ठीक है, क्योंकि मैंने ऐसा दावा न किया है, न करने में विश्वास करता हूँ, परंतु यह दावा मैं अवश्य कर सकता हूँ कि इस पार्टी में अपनी शक्ति और सामर्थ्य के अनुसार मैं भी कुछ करता रहा हूँ तथा इस पार्टी और आंदोलन को बनाने के लिए किसी से अधिक नहीं तो किसी से कम भी नहीं किया है। फिर भी, आपके एकता के प्रयास के संदर्भ में मेरा कोई महत्व नहीं और मैं उपेक्षणीय हूँ।

तो, एक बात अवश्य है। मैं प्रवृत्ति और स्वभाव से ही बराबर मूल पार्टी के साथ रहता हूँ। जब सोशलिस्ट पार्टी और किसान मजदूर प्रजा पार्टी के विलयन से प्रजा सोशलिस्ट पार्टी बनी तो मैं प्रजा सोशलिस्ट पार्टी में रहा। जब सोशलिस्ट पार्टी से अलग स्व. लोहिया जी ने सोशलिस्ट पार्टी बनायी तो मैं मूल पार्टी प्रजा सोशलिस्ट पार्टी में ही रहा। जब सोशलिस्ट पार्टी और प्रजा सोशलिस्ट पार्टी के विलयन से संयुक्त सोशलिस्ट पार्टी बन गयी और प्रजा सोशलिस्ट पार्टी के पुराने साथियों ने बनारस में क्षुब्ध होकर फिर प्रजा सोशलिस्ट पार्टी को जिंदा कर लिया तब भी मैं मूल पार्टी संयुक्त सोशलिस्ट पार्टी में ही रहा। आज फिर, जब संसोपा, प्रसोपा के विलयन से सोशलिस्ट पार्टी बनी तथा श्री राजनारायण ने विक्षुब्ध होकर अपनी अलग पार्टी बना ली और आप अपने एकता प्रयास में पार्टी की प्राथमिक सदस्यता से इस्तीफा कर चुके हैं, तो भी मैं मूल पार्टी सोशलिस्ट पार्टी में ही हूँ।

पार्टी की एकता का मैं भी हिमायती हूँ। परंतु साथ ही एक सिपाही होने के नाते अनुशासनप्रिय भी हूँ कि यदि पार्टी का कलेवर काफी मोटा हो जाएँ, विभिन्न मौलिक विपरीत विचारों के लोग उसके साथ बड़ी संख्या में सदस्य हो जाएं और उसमें अनुशासन और नियमपालन का अभाव हो जाए, तो वह पार्टी आत्मारहित शरीर की तरह बेजान होगी, विभिन्न विपरीत विचारों के लोगों का जमघट होगी, मगर एक ठोस राजनैतिक पार्टी नहीं होगी। फिर भी, मैं एकता का हिमायती हूँ और चाहता हूँ कि सोशलिस्ट पार्टी की एकता बरकरार रहे। परंतु मैं वह एकता स्वेच्छा से चाहता हूँ, न कि दबाव वाली एकता। ऐसा मैं इसलिए

कह रहा हूँ कि मैंने सुना है कि आपका कहना है कि यदि बिहार की पार्टी में एकता बरकरार रह गयी तो आप सारे देश के नेताओं को एकता के लिए बाध्य कर सकेंगे मैंने सुनी बात का उल्लेख इसलिए नहीं किया, क्योंकि आपने कभी मुझसे सीधी बातें नहीं की हैं। यदि यही आपका विचार है जैसा मैंने सुना है, तब तो यह प्रकारान्तर से भक्ति का प्रदर्शन हुआ। यदि आपके अनुसार बिहार में एकता हो गयी और आपकी भाक्ति का प्रदर्शन हो गया, तो हो सकता है कि आपकी भक्ति के दबाव में आकर अन्य प्रांतों के लोग एकता के लिए विवश हो जाएँ, परंतु वह एकता दबाव की एकता होगी, स्वेच्छा की नहीं। और तब, जब दूसरे की भक्ति बढ़ेगी तो फिर अपने अनुसार दबाने की कोशिश करेगा और यही क्रम पार्टी के अंदर चलता रहेगा। क्या ऐसी एकता संसोपा के पटना-सम्मेलन में नहीं की गयी थी? आखिर ऐसी एकता का मतलब क्या, जब उसमें स्वेच्छा हो, स्थायित्व न हो और जो विचारों के आदान-प्रदान के उपरांत न की गयी हो?

कर्पूरी जी! छोड़िए इन सारी बातों को। आप एकता के लिए प्रयत्नशील हैं तो मैं आपको एक सुझाव देना चाहता हूँ और मेरा अनुरोध है कि आप इस पर गंभीरता से विचार करें। एकता के लिए आप ऐसा कीजिए कि आप, सूरज बाबू, बसावन बाबू और यदि आप वाजिब समझें तो मैं भी एक साथ बैठें और सारे मुद्दों पर विचार करें। शुरू में मैं छोटी बैठक के पक्ष में इसलिए हूँ कि यदि इस छोटी बैठक में कोई ठोस निर्णय हो सके और कोई दिशा मिले तो फिर बिहार पार्टी के प्रमुख 20-25 साथियों की एक बैठक हो, जिसमें छोटी बैठक के निर्णयों और चर्चाओं पर विचार हो और कोई निष्कर्ष निकाला जाए। यही एकता की दिशा में सही कदम होगा। हाँ, यदि आप चाहें तो छोटी बैठक में भी मेरे द्वारा सुझाये नामों के अलावा भी दो-चार साथियों को बुला सकते हैं, परंतु वह बैठक छोटी ही हो। मेरा खयाल है कि यदि इस सुझाव के अनुसार आप काम करें तो शायद कुछ हो सकता है।

यह सुझाव मैं अभी सिर्फ बिहार पार्टी की एकता के संदर्भ में दे रहा हूँ, क्योंकि अभी आपका प्रयास बिहार पार्टी की एकता तक ही सीमित है। जब अखिल भारतीय स्तर पर पार्टी की एकता पर

विचार करने की ओर आप बढ़ेंगे तो मैं विस्तार से अखिल भारतीय स्तर पर दूसरा सुझाव दूँगा।

पत्र लंबा हो गया, क्षमा करेंगे। यदि मेरा सुझाव मान्य हो तो उस पर अमल करने की दिशा में कदम उठाने की सूचना देने की कृपा करेंगे। वैसे मैं हर हालत में अपने इस पत्र के उत्तर की उम्मीद करता हूँ। आशा है, आप सानंद और प्रसन्न होंगे।

आपका

रामानंद तिवारी

रामानंद तिवारी का खत कर्पूरी ठाकुर के नाम

आदरणीय कर्पूरी जी

सादर प्रणाम!

मेरे 20 जुलाई 1972 के पत्र का उत्तर आपके 31 जुलाई 1972 के पत्र के रूप में उसी दिन मुझे संध्या 4 बजे प्राप्त हुआ। इसके लिए बहुत-बहुत धन्यवाद।

मैंने अपने पत्र में यह कभी भी नहीं लिखा है कि इधर कई पत्र मैंने आपको लिखे हैं। न मालूम यह वाक्य आपने कहाँ से लाकर रख दिया है? मैंने यह निश्चित रूप से लिखा है कि इसके पहले कई बार और अनेक अवसरों पर आपको पत्र लिखता रहा हूँ, परंतु उनमें से एक-दो को छोड़कर किसी का भी उत्तर आपसे कभी प्राप्त नहीं हुआ जो पूर्णतः सत्य है। शायद आपने मेरे पत्र के इस पाराग्राफ पर अच्छी तरह से ध्यान नहीं दिया है।

आपने मेरे पत्र के पाराग्राफ 2 के उत्तर में यह लिखा कि 'एकता संबंधी मेरे प्रयासों से आप पूर्णतः अवगत हैं' और इसके बाद आपने 12 जून को आपके घर पर आपके द्वारा बुलायी गयी अनौपचारिक बैठक की चर्चा की है। मैंने जो कुछ लिखा है, स्पष्टतः, बिना किसी घुम-घुमाव के, 12 जून के पहले की स्थिति के संबंध में लिखा था और साथ ही आपके द्वारा इस घोषणा और प्रयास के कि यदि बिहार के साथी एक हो जाते हैं तो अखिल भारतीय स्तर पर नेताओं को एकता के लिए बाध्य किया जा सकता है, के संदर्भ में लिखा कि आप सबसे मिल रहे हैं सिर्फ मुझको छोड़कर। इसमें 12 जून की बात कैसे आ गयी, जिसका समावेश आपने अपने पत्र में किया है? फिर, 12 जून के बाद भी आप जो कर रहे हैं, उस संदर्भ में भी मेरे पत्र का पाराग्राफ 2 सटीक होता है। मैंने जो कुछ भी

लिखा है, वह आपके बिहार संबंधी प्रयास से है, परंतु आपने 12 जून के संदर्भ में जोड़कर भ्रम उत्पन्न करने का प्रयास किया है। आपने अपने पत्र के इसी पाराग्राफ में कहा है कि आपने अपने घर पर 12 जून को जो प्रस्ताव रखा था, उसे श्री मधु लिमये ने जब राष्ट्रीय तदर्थ समिति में रखा तो मैंने उसका विरोध किया।

ऐसी तथ्यहीन बात कहकर आपने एक भ्रम उत्पन्न करने का प्रयास किया है, जिसका निवारण आवश्यक है। आपने 12 जून को अपने घर पर यह सुझाव दिया कि श्री राजनारायण पर से निलंबन उठा लिया जाए तो श्री मधु लिमये ने कहा कि ठीक है, हमलोग इस प्रस्ताव का समर्थन करेंगे, परंतु आप चलकर बैठक की अध्यक्षता कीजिए। इस पर आपने स्पष्ट रूप से कहा कि नहीं, मैं बैठक की अध्यक्षता नहीं करूँगा। आपके घर पर ही श्री मधु दंडवते, महामंत्री, ने कहा कि यदि श्री राजनारायण अपनी पार्टी तोड़ दें, तो हमलोग इस प्रस्ताव का समर्थन करेंगे। वहीं श्री भोला प्रसाद सिंह ने कहा कि राष्ट्रीय समिति निलंबन उठाकर श्री राजनारायण पर कोई एहसान नहीं करेगी, बल्कि राष्ट्रीय समिति ने अपराध किया है, इसलिए राष्ट्रीय समिति माफी माँगे। जब श्री मधु लिमये ने राष्ट्रीय समिति में आपके सुझाव का प्रस्ताव रखा, तो मैंने कहा कि मधु जी के सुझाव के अनुसार कर्पूरी जी को अध्यक्षता करने के लिए आना चाहिए था। फिर भी यदि राजनारायण जी अपनी पार्टी तोड़ दें तो मैं इस प्रस्ताव का समर्थन करूँगा। कर्पूरी जी, जब आपने राष्ट्रीय समिति की बैठक के इस प्रसंग का उल्लेख किया है, तो आपको अपने पत्र में पूरा तथ्य रखना चाहिए था, न कि तथ्य को तोड़-मरोड़ कर भ्रम उत्पन्न करने का प्रयास करना चाहिए था।

आपने मेरे पत्र के पाराग्राफ तीन के उत्तर में कहा है कि आपने अपनी राय सूरज बाबू को बता दी थी, जो उन्होंने राष्ट्रीय तदर्थ समिति तक पहुँचा दी थी और सूरज बाबू की राय आपकी राय से मिलती थी। ऐसा कह कर आपने सिवा भ्रम उत्पन्न करने के अलावा और कुछ नहीं किया है, क्योंकि अप्रैल 1972 की राष्ट्रीय दतर्थ समिति में सूरज बाबू ने कभी कोई ऐसी बात नहीं कही कि यह कर्पूरी जी की राय है। उन्होंने जो कुछ कहा, उसे अपनी राय कह कर कहा। जहाँ श्री राजनारायण जी के निलंबन का सवाल था,

सूरज बाबू ने कहा कि सारी बातों की जाँच के लिए एक समिति बना दी जाए और जो-जो लोग दोषी पाए जाएँ, सबको सजा दी जाए। सूरज बाबू ने राजनारायण जी के निलंबन का कहीं भी विरोध नहीं किया। जहाँ तक आपकी राय राष्ट्रीय तदर्थ समिति तक पहुँचाने का प्रश्न है, सूरज बाबू ने समिति की बैठक में ऐसा कुछ नहीं कहा कि कर्पूरी ठाकुर जी की राय है। बैठक के बाहर उन्होंने कुछ लोगों से आपकी राय के बारे में कुछ कहा हो तो उसकी जानकारी मुझको नहीं है। जहाँ तक सूरज बाबू की राय का आपकी राय से मिलने का संबंध है, मेरी जानकारी के अनुसार यह बात सही नहीं है, क्योंकि उस समय सूरज बाबू से मेरी बातें हुई थीं और सूरज बाबू सारे मामलों में श्री राजनारायण से अधिक आपको दोषी बताते थे और उनकी राय थी कि श्री राजनारायण पर कार्रवाई करने के पहले आपके विरुद्ध ही कार्रवाई होनी चाहिए। मैं सूरज बाबू को भी जानता हूँ। वे इतने ईमानदार और निर्भीक हैं कि उन्होंने मुझको जो कहा था, मुझे उम्मीद है, आज भी वे इंकार नहीं करेंगे। आपने अपने पत्र के इसी पाराग्राफ में कहा है कि आपने सिवा सूरज बाबू के ओर किसी को अपनी राय नहीं बताई थी। क्या दिल्ली जाने के पहले जब सूरज बाबू के घर पर मैंने आपसे दिल्ली चलने के बारे में पूछा था, तो आप यह नहीं कह सकते थे कि आपने अपनी राय सूरज बाबू को बता दी है? क्योंकि आपने अपने ही कथनानुसार जो राय सूरज बाबू को बताई थी, वह कोई गुप्त रखने के लिए नहीं, बल्कि राष्ट्रीय समिति को पहुँचाने के लिए थी। इसीलिए और कुछ नहीं तो राष्ट्रीय समिति का सदस्य होने के नाते आप अपनी राय मुझको बता सकते थे या कह ही सकते थे कि आपने अपनी राय सूरज बाबू को बता दी है और दिल्ली जाने के बारे में भी स्पष्ट रूप से कह सकते थे कि आपने नहीं जाने का निश्चय किया है। मगर आपने यह नहीं किया, क्योंकि आपको मुझ पर विश्वास नहीं था। मेरी इस धारणा कि आपको मुझ पर विश्वास नहीं था, जो आपने स्वयं अपने पत्र के इस पाराग्राफ में यह लिख कर कि आपकी राय से बिल्कुल उल्टी थी, पुष्ट कर दिया है। परंतु मेरी समझ में नहीं आया कि आपने बिना मुझसे कोई बात किए मेरे संबंध में ऐसी धारणा कैसे बना ली? क्या यह सही नहीं है कि मैं बराबर

आपकी सारी बातों को, अपने विचारों के विपरीत होते हुए भी, आँख मूँद कर विश्वास के साथ मानता रहा हूँ कि आप जो कुछ कहेंगे ठीक ही कहेंगे। मैं इस संबंध में अधिक उदाहरण न देकर सिर्फ एक दो उदाहरण रख देने का लोभ संवरण नहीं कर पा रहा हूँ, इसके लिए क्षमा करेंगे।

आपको याद होगा कि संसोपा बनने के बाद मैं दो-दो बार बिहार पार्टी का अध्यक्ष चुना गया और दोनों ही बार मुझे राज्य समिति के सदस्यों को नामजद करने का अधिकार दिया गया। परंतु एक बार भी बिना आपकी राय के राज्य समिति की नामजदगी नहीं की। यहाँ तक कि दूसरी बार आप उपलब्ध नहीं थे तो मैं 13 दिनों तक इस काम को रोके रखा, आलोचनाएँ सुनता रहा और जब आप आए तो आपकी राय से ही समिति बनाई। आपको याद होगा कि संसोपा के सोनपुर सम्मेलन के बाद जब संयुक्त विधायक दल की सरकार बनाने और सरकार में संसोपा के शामिल होने का सवाल आया तो संविद में शामिल दलों ने संसोपा के विधायक दल के नेता होने के कारण संविद का नेता चुना और मेरे मुख्यमंत्री होने की बात थी, लेकिन आपकी मान्यता थी कि संगठन कांग्रेस, जनसंघ और स्वतंत्र पार्टी जैसी प्रतिक्रियावादी और साम्प्रदायिक दलों के साथ मिलकर संसोपा को सरकार नहीं बनाना चाहिए। संसोपा की राष्ट्रीय समिति की बैठक वाराणसी में हुई, जिसमें मुझ पर मुख्यमंत्री बनने के लिए दबाव डाला गया और इन दलों के साथ संसोपा मिलकर संविद की सरकार बनाए अथवा नहीं, प्रश्न पर जब मतदान हुआ तो मैंने आपके साथ सरकार बनाने के प्रस्ताव के विपक्ष में मत दिया। हवां से वापस होते समय मैंने सभापति सिंह के सामने आपसे कहा कि मैं संविद के नेता पद के साथ-साथ विधायक दल के नेता पद से भी त्याग-पत्र दे दूँगा, परंतु आपने मुझे ऐसा करने से रोक दिया। अपनी इच्छा के विपरीत मैंने आपकी बात मान ली। फिर पटना जंक्शन पर गाड़ी से उतरने के बाद ही अपने त्याग-पत्र की घोषणा मैं करना चाहता था, उसे भी आपने रोक दिया और आपकी बात मैं मान गया। फिर, आप मेरे घर पर आए, तो मैंने चंद्रदेव प्रसाद वर्मा और सभापति सिंह को भी बुला लिया। वहाँ मैंने कहा था कि यदि मैं संविद के नेता पद से

त्याग-पत्र देता हूँ और संसोपा विधायक दल के नेता पद से नहीं तो इस पार्टी में ऐसे लोग भी हैं जो मुझको इसी विषय को लेकर खा जाएँगे। इस पर आपने मुझको विश्वास दिलाया था कि मैं संसोपा विधायक दल के नेता पद से त्याग-पत्र न दूँ और यदि कोई कुछ कहेगा, तो आप मेरा साथ देंगे। आपके कहने के अनुसार, अपनी इच्छा और राय के विपरीत भी मैंने प्रेस-सम्मेलन में सिर्फ इस्तीफा की घोषणा की, जिस प्रेस-सम्मेलन में आप भी मौजूद थे। परंतु मेरी घोषणा के बाद जब एक केंद्रीय नेता पटना आये, आपसे मिले और आपकी उनसे बातें हो गईं, तो आपने मेरी कार्रवाई की आलोचना करते हुए बयान दे दिया कि तिवारी जी से प्रक्रिया की भूल हुई है। उन्हें संसोपा विधायक दल से राय ले लेनी चाहिए थी। यदि मुझसे प्रक्रिया की भूल हुई थी या प्रेस सम्मेलन में या उससे पहले हो रही थी तो आपने उसे सुधारा क्यों नहीं ? मैं तो सारा काम आप पर विश्वास करके कर रहा था। इतना नहीं कर्पूरी जी ! 1970 के दिसंबर में श्री दारोगा प्रसाद राय की सरकार के पतन के बाद जब पुनः संविद की सरकार बनाने का सवाल आया तो आप मुझको विधानसभा के दर्शक दीर्घा में ले जाकर कहे कि चूंकि अब संसोपा का एक टुकड़ा इस संविद में शामिल हो गया है, इसलिए अब इसका चरित्र बदल गया है और आपने मुझको संविद का नेता पद स्वीकार कर मुख्यमंत्री बनने के लिए कहाँ आपको याद होगा कि मैंने कहा था कि प्रसोपा के सिर्फ तीन व्यक्तियों के आ जाने से संगठन कांग्रेस, जनसंघ और स्वतंत्र पार्टी जैसे प्रतिक्रियावादी एवं सांप्रदायिक पार्टियों के मेल से बनी संविद का चरित्र कैसे बदल गया तो आपने पुनः अपने तर्क पर जोर दिया और अपनी इच्छा के विपरीत भी मैंने उसी प्रतिक्रियावादी संविद का नेता तथा मुख्यमंत्री बनना स्वीकार किया, जिसे एक बार ठुकरा चुका था। परंतु जब मैंने आपका प्रस्ताव स्वीकार कर लिया और पुनः संविद का नेता निर्वाचित हो गया, तो केंद्र से श्री राजनारायण और उनके साथियों ने आकर आपसे बात की और आपको संविद का नेता तथा मुख्यमंत्री बनने को कहा तो आप तैयार हो गए तथा आपके तैयार हो जाने के बाद मुझसे कहा गया कि मैं कर्पूरी जी के लिए संविद का नेता पद छोड़ दूँ और उनको मुख्यमंत्री बनने दूँ तो आपकी प्रतिष्ठा के लिए मैं सहर्ष तैयार हो गया

और दो बार मुख्यमंत्री पद आपके लिए ठुकरा दिया। प्रसंगवश एक बात और याद आ गई, उसे भी आपको याद दिला ही दूँ। सोनपुर-सम्मेलन और वाराणसी के राष्ट्रीय समिति की बैठक के बाद जब मैं संविद के नेतापद से इस्तीफा देने वाला था तब एक केंद्रीय नेता ने मुझसे कहा कि तिवारी जी आपको कर्पूरी जी बेवकूफ बना रहे हैं और ठग रहे हैं, वे नहीं चाहते कि आप मुख्यमंत्री बने। मैंने इसकी सूचना आपको पटना हवाई अड्डे पर दी और कहा कि आप उक्त नेता विशेष से बात कर लें और आपके संबंध में जो उनकी धारणा बन गई है, उसे दूर कर दें और आपने तदनुसार उनसे बातें भी की। तो कर्पूरी जी, मैंने यह सब इसलिए किया कि आप हमारे मित्र हैं, आपकी प्रतिष्ठा बनी रहे और किसी को संदेह की गुंजाइश नहीं रहे, मेरा भले ही नुकसान हो। आपके कहने से अपनी इच्छा के विपरीत संविद का नेता भी बना और आपकी इच्छा के अनुसार उस पद से इस्तीफा भी दे दिया। दुबारे फिर विरोधी दल के नेता होने की हैसियत से जब राज्यपाल ने सरकार बनाने के लिए आमंत्रित किया तो वहाँ भी मैंने साफ कह दिया कि कर्पूरी जी संविद के नेता हैं, उन्हें सरकार बनाने के लिए आमंत्रित किया जाए। इतना ही नहीं, आपकी प्रतिष्ठा के लिए मुख्यमंत्री पद को ठुकरा देने के बाद भी आपके मंत्रिमंडल में अपनी इच्छा के विपरीत आपके अधीनस्थ गृहमंत्री का पद स्वीकार किया। आपके प्रति विश्वास और निष्ठा का इससे भी बड़ा कोई उदाहरण आप राजनीति में दिखा सकते हैं क्या? यह अजीब विधि की विडंबना है। ईश्वर की इच्छा प्रबल होती है। इतना करने पर भी न मालूम क्यों आपका मेरे प्रति अविश्वास बना हुआ है। इसमें आपका अपराध नहीं है, मेरा दुर्भाग्य है कि आपका विश्वास, इतना करने पर भी, पाने में असमर्थ रहा।

ये तो मैंने कुछ उदाहरण मात्र दिये हैं। इनके अलावा भी सैकड़ों उदाहरण हो सकते हैं जब कि मैंने अपनी राय के विपरीत आपकी राय को न सिर्फ माना है बल्कि उसके अनुसार आचरण भी किया है।

आपने मेरे पत्र के पाराग्राफ 4 के उत्तर में जो कुछ कहा है, क्या आप अपने सीने पर हाथ रखकर कहेंगे कि इसमें सच्चाई कितनी दूर तक है? क्या यह सत्य नहीं है कि श्री राजनारायण का

सम्मेलन होने के पहले ही से मैंने अपनी ओर से आपसे मिलने और बात करने का प्रयास किया, आपने नहीं? इसका प्रमाण है 19-4-72 का आपका पत्र जो मेरे पास सुरक्षित है। पर 18-5-72 को जब मैं सभापति सिंह जी से बातें कर रहा था, अचानक आप भी उन्हीं से बात करने के लिए पहुँचे। जब सभापति जी ने कहा कि कर्पूरी जी तिवारी जी से बातें करें तो आपने कहा कि आज ही तीन बजे आपके डेरे पर आकर आपसे मिलूँगा, परंतु आप तीन बजे न आकर सवा सात बजे संध्या समय उस वक्त आते हैं जब अपनी नई पार्टी बनाने की घोषणा छह बजे संध्या वेला में कर चुके थे। आप भला बतलाइए वह मिलना क्या मिलना था? जिस उद्देश्य से प्रेरित होकर मैंने अपनी ओर से आपसे बातें करने का प्रयास किया, उसे नए दल के निर्माण की घोषणा से आपने समाप्त कर दिया। ईश्वर ही जाने कि हमलोग कहाँ जा रहे हैं और किस तरह का व्यवहार कर रहे हैं?

आपने मेरे पत्र के पारាग्राफ-5 के उत्तर में कहा है कि आपके द्वारा अलग पार्टी बना लेने की बात बेबुनियाद है। संभव है कि आपकी नजरों में या विचारों में बेबुनियाद है। पर कर्पूरी जी, इस देश के राजनीतिज्ञ, बुद्धिजीवी, पत्रकार और जनता को ऐसा विश्वास हुआ कि सोशलिस्ट पार्टी तीन भागों में विभक्त हो गई। एक राजनारायण जी की सोशलिस्ट पार्टी, दूसरी अधिकृत और मूल सोशलिस्ट पार्टी, जो आपके नेतृत्व में अगस्त 1971 में बनी थी तथा तीसरी वह पार्टी जिसकी घोषणा आपने 18-5-72 को अपने पत्रकार सम्मेलन में की। यहाँ तक कि आपने अपनी घोषणा की कि आपके इस नए दल में तत्काल 16 विधायक हैं और वे बाद में 20 तक हो सकते हैं। बल्कि कुछ पत्रकारों को उन विधायकों का नाम भी आपने व्यक्तिगत रूप से बतलाया। अब यह बेबुनियाद है या नहीं, इसका निर्णय आप स्वयं करें, क्योंकि मेरे लिखने का आधार यही था। इसी पाराग्राफ में आपने लिखा है कि मेरी इच्छा और कोशिश के बावजूद आपका अध्यक्ष पद से त्याग पत्र स्वीकार नहीं हुआ है। न मालूम यह वाक्य किस आधार पर आपने लिखा है। यह सत्य है कि जिन साथियों से बातें हुईं, उनसे मैंने निश्चय रूप से कहा है कि कर्पूरी जी ने पार्टी की प्राथमिक सदस्यता से भी इस्तीफा दे दिया है, इसलिए अभी वे पार्टी के सदस्य भी नहीं हैं। क्या

यह कहना असत्य है? आपका अध्यक्ष पद से इस्तीफा स्वीकार हो या न हो, के संबंध में मैंने किसी से प्रत्यक्ष या अप्रत्यक्ष रूप से कभी कुछ कहा ही नहीं। हाँ पटने में जो राष्ट्रीय तदर्थ समिति की बैठक हुई, उसमें सर्वसम्मति से यह निर्णय किया गया कि जब कर्पूरी जी ने पार्टी की प्राथमिक सदस्यता से इस्तीफा दे दिया तो राष्ट्रीय अध्यक्ष पद से जो उन्होंने इस्तीफा दिया है, उसे स्वीकार या अस्वीकार करने का प्रश्न ही नहीं उठता है क्योंकि अब वे पार्टी में रहे ही नहीं। राष्ट्रीय अध्यक्ष का चुनाव इस राष्ट्रीय तदर्थ समिति में हो अथवा जो 9 अगस्त 72 से राष्ट्रीय सम्मेलन होने जा रहा है उसमें हो, इस प्रश्न पर दो मत था। मैं राष्ट्रीय सम्मेलन में अध्यक्ष के निर्वाचित होने के पक्ष में था, जिसके साक्षी राष्ट्रीय तदर्थ समिति के एक-एक सदस्य हैं। कर्पूरी जी! हर व्यक्ति अपनी भावनाओं के अनुकूल ही किसी के संबंध में निर्णय लेता है। आपने मेरे पत्र के पाराग्राफ-6 का जो उत्तर दिया है इसका उत्तर देना मैं आवश्यक नहीं समझता।

आपने मेरे पत्र के पाराग्राफ-7 के संबंध में जो लिखा है कि वह मेरी बात है, तो वह गलत है। मेरा वह पाराग्राफ आपसे ही संबंधित है।

आपने मेरे पत्र के पाराग्राफ-8 के संबंध में जो लिखा है, वह विचार, आदर्श और दृष्टिकोण से संबंधित है। मैं यह मानने से इंकार करता हूँ कि किसी को भी भयभीत, आतंकित या लाचारी से विवश कर एकता के सूत्र में बाँधा जा सकता है। यहाँ मेरे और आपके विचारों में मौलिक अंतर है।

मेरे पत्र के पाराग्राफ-9 के संबंध में जो कुछ लिखा है उस संबंध को मैं पुनः दुहराना चाहता हूँ कि बिहार पार्टी की एकता के बारे में ही आप मुझसे बातें नहीं कर रहे हैं, जिस पर, आपकी कल्पनानुसार अखिल भारतीय पार्टी की एकता आधारित है क्योंकि मैं भी बिहार पार्टी में ही न हूँ। इसी संदर्भ में मैंने यह पाराग्राफ लिखा था। संभव है कि आप ईमानदारी से सोचते हों कि तिवारी से एकता के संबंध में बातें अभी न कर सभी को या अधिक से अधिक लोगों को एक सूत्र में पिरोकर जिस तरह अखिल भारतीय नेताओं को एकता के लिए बाध्य किया जाए और एकता हो जाए तो तिवारी विवश होकर इस पार्टी में तो रहेंगे ही, क्योंकि आप और आप

जैसे साथी जानते हैं कि तिवारी ने अभी तक दल नहीं बदला है, यहाँ तक कि बिहार के राज्यपाल कानूनगो ने मुख्यमंत्री बनने का प्रलोभन दिया तो भी तिवारी जी ने दल नहीं छोड़ा, तो अब इससे बड़ा पद इनको क्या मिलेगा जो ये दल छोड़ेंगे? इतना ही नहीं, जब लोकसभा के 1971 के चुनाव के समय पटना हवाई अड्डे पर भारत की प्रधानमंत्री श्रीमती इंदिरा गांधी ने मुझसे बातें कीं जहाँ मैं हैदराबाद जाने के लिए हवाई जहाज पकड़ने गया था, जिस पर पार्टी के साथियों ने भ्रम फैलाने का भरपूर प्रयास किया और सारे देश में यह भ्रम फैला और फैलाया गया कि तिवारी मुख्यमंत्री बनने के लिए सत्तारूढ़ कांग्रेस में जा रहे हैं, उस समय भी मैंने पार्टी नहीं छोड़ी क्योंकि मेरे लिए मुख्यमंत्रित्व का कोई आकर्षण नहीं रह गया था, जिसे दो बार ठुकरा चुका था, तो अब पार्टी छोड़ने का सवाल कहाँ उठता है? पार्टी छोड़ना तो दूर रहा मैंने जीवन में एक दिन के लिए भी कभी पार्टी की सदस्यता से इस्तीफा भी नहीं दिया है। मनुष्य के जीवन में यदि मनुष्य अपने चरित्र और आदर्श की रक्षा न कर सका वह भी विशेषकर अधिकार पद और संपत्ति की लालच से, तो वह मनुष्य जन नेता अथवा किसी आदर्श का प्रतीक कभी हो ही नहीं सकता। इसके लिए मनुष्य को अपने को तपाना और साधना पड़ता है।

मेरे पत्र के पाराग्राफ दस के बारे में आपने जो कुछ लिखा है, उसके संबंध में मैं आपसे आग्रह करूँगा कि आप एक बार पुनः मेरे पत्र का वह पाराग्राफ पढ़ने का जरूर कष्ट करें। मैंने अपने पत्र में चार नामों का सुझाव देने के साथ-साथ आपको यह छूट दी थी कि आप इन चार व्यक्तियों के अलावा जिन्हें आप जरूरी समझें, वैसे दो-चार व्यक्तियों को ओर बुला लें। ऐसा मैंने अपने दिमाग में राजनारायण जी के दल के लोगों को रखकर ही लिखा था। मैं नहीं जानता कि आप उस दल से किन लोगों को बुलाना चाहेंगे, क्योंकि किसी पार्टी के पदाधिकारी हो जाने से ही कोई नेता नहीं हो जाता। इसीलिए अपनी ओर से चार नाम देने के साथ ही उस ओर से चार व्यक्तियों को बुलाने की छूट मैंने आपको दी थी। मैं अपने पत्र में राजनारायण जी के दल के लोगों को बुलाने पर प्रतिबंध कहाँ लगाया था? मैं इस बात के प्रति सजग था कि यदि

वे नहीं आएँगे, तो फिर एकता-वार्ता होगी किससे ? इसी पाराग्राफ में आपने लिखा है कि शुरू में ही भ्रम फैल जाएगा और काम बनने के बजाय बिगड़ जाएगा। आपके इस विचार से मैं शत-प्रतिशत सहमत हूँ कि शुरू में ही यदि सावधानी नहीं बरती गई कि किन-किन व्यक्तियों से बातें करने से बातें बनेंगी तो काम बनने के बजाय बिगड़ जाएगा। क्या आपने स्वयं ऐसी सावधानी बरती है ? यदि हाँ, तो आपके संबंध में आपकी असावधानी से ही लोगों में भ्रम फैला है–1. जब राष्ट्रीय समिति ने आपकी अध्यक्षता में यह निर्णय लिया कि लोकसभा और विधानसभा के चुनावों में पराजित किसी भी साथी को राज्यसभा और विधान परिषद का उम्मीदवार नहीं मनोनीत किया जाएगा और राजनारायण जी को राज्यसभा का उम्मीदवार नहीं बनाया गया, तो आपने संसदीय बोर्ड के अध्यक्ष को यह पत्र लिख कर सिफारिश की कि उत्तर प्रदेश विधानसभा क्षेत्र से राज्यसभा का उम्मीदवार दल के नाम पर न होकर निर्दलीय उम्मीदवार हो और सीट खुली छोड़ दी जाए। 2. जब संसदीय बोर्ड ने श्रीमती शकुंतला श्रीवास्तव को अपना उम्मीदवार मनोनीत किया तो मतदान के दो-तीन दिन पहले लखनऊ पहुँचकर आपने यह कहा कि अपने दल का कोई भी अधिकृत उम्मीदवार नहीं है। यह कहने के लिए लखनऊ जाने की आवश्यकता क्यों पड़ी ? मैं नहीं जानता कि कहाँ तक यह सत्य है और असत्य कि आपने राजनारायण जी के पक्ष में मत मांगा, ऐसा मुझसे उत्तर प्रदेश के साथियों ने कहाँ वहाँ के साथियों ने यहाँ तक कहा कि राज्य कार्यालय में यह सूचना भी थी कि मैं लखनऊ आ रहा हूँ। इस पर विशेष न लिख कर आपसे कहूँगा कि आप यदि सावधान रहते और उसे आचरण में उतारते तो मुझसे भी बात करते। तो मुझे आपके प्रति भ्रम नहीं होता कि आप मेरी उपेक्षा कर रहे हैं।

मेरे पत्र के पराग्राफ 11 के बारे में आपने यह कहा है कि आपका यह प्रयास अखिल भारतीय पार्टी की एकता के लिए था, न कि बिहार पार्टी की एकता के लिए। कर्पूरी जी! मैं जानता हूँ कि आपका प्रयास राष्ट्रीय पार्टी की एकता के लिए है, परंतु बिहार पार्टी को ही एकता का केंद्रबिंदु बना कर। इसीलिए मैंने अपने पत्र में बिहार पार्टी का नाम लिया था।

आपने मेरे पत्र के अंतिम पाराग्राफ के उत्तर की आवश्यकता नहीं समझी है। इस पाराग्राफ से तो आपकी ही बातों की मैंने पुष्टि की है कि बिहार पार्टी की एकता का विचार-विमर्श कर इसमें सफल होने पर अखिल भारतीय स्तर पर पार्टी की एकता के लिए दूसरा सुझाव दूंगा।

आपने लिखा है कि यदि आप गंगा में बैठ कर भी कहें कि मेरी उपेक्षा आप नहीं करते तो मैं मानने वाला नहीं हूँ। ऐसी धारणा न मालूम क्यों आपने बना ली है? यहाँ मौलिक प्रश्न एक उठता है कि यदि आपका विश्वास मेरे जैसे दल के साथियों पर न हो और मेरे जैसे साथियों का विश्वास आपके प्रति न हो तो क्या हमलोग साथ-साथ चल सकते हैं? यही प्रमाणित करता है कि मुझ पर आपको विश्वास नहीं है। क्या मेरे और आपके आदर्श में भिन्नता है? मैं मानता हूँ कि नहीं। कारण, हम दोनों एक ही आदर्श के लिए अभी तक मरते और अपने को खपाते आ रहे हैं। आदर्श-वर्ग-वर्ण-विहीन समाज की भारत में स्थापना। इसके बाद इसी भारतीय जनता द्वारा विश्व बंधुत्व का आदर्श प्राप्त करना। इसका साधन है कि पिछड़ों, हरिजनों, आदिवासियों, संपूर्ण महिलाओं और अल्पसंख्यकों को विशेष अवसर प्रदान करने की नीति।

इसी नीति का पालन करने के लिए मैंने लालगढ़ फार्म पर सार्वजनिक तौर पर हल चढ़ाया, जो भारतीय ब्राह्मणों के लिए अभी तक निषेध है। यह जानते हुए कि मैं भूमिहीन हूँ, उस जमीन में से एक इंच जमीन मेरे बच्चों के लिए मिलने वाला नहीं है, वहाँ प्राणघातक मार खाकर भी हल चलाया और भाग्य से बच गया। क्या वे लोग, जो प्रतिदिन, उठते-बैठते, विशेष अवसर, पिछड़ा-अगड़ा की बातें करते हैं उनमें से किसी ने उस आंदोलन को आगे चलाया, जबकि सभी साथी कारा से बाहर ही थे। कर्पूरी जी! आप यह वाक्य न लिखते तो ज्यादा अच्छा होता। आप क्षमा करेंगे। इसी पाराग्राफ में आपने लिखा है कि मेरा अभियोग शत-प्रतिशत निराधार है कि आप सबसे मिल चुके हैं, सिवा मेरे और बसावन बाबू से। कर्पूरी जी! यह बाल का खाल निकालना है। मूर्ख ही ऐसा सोचेगा कि कोई एक व्यक्ति बिहार के कोने-कोने में हजारों बिखरे हुए साथियों से दो चार या दस दिनों में मिल लेगा। मेरा लिखने का

मतलब यह था कि पटने में जितने साथी उपलब्ध थे, प्रायः उन साथियों से आपने न मिलने का प्रयास किया, परंतु मुझे 29 अप्रैल 1972 को चिट्ठी द्वारा आश्वासन देने पर भी न मिलने का क्या कारण है? यहाँ तक कि 18 मई 1972 को आप अपने घर से चलते हैं, सूरज भाई से मिलते हैं। शिवनंदन झा जी के घर जाते हैं, रामजीवन जी से मिलते हैं, मंजय लाल तथा दूसरे साथियों से मिल कर या उनके घर जाकर, आप सभापति जी के घर पहुँचते हैं जहाँ मैं उपस्थित था। क्या कारण है कि जब आप आर ब्लाक 7 नम्बर रोड से निकल कर 6 नम्बर रोड होते हुए करीब करीब जितने लोगों का घर है, सब जगह जाते हैं, परंतु उसी छह नम्बर और 5 नम्बर रोड के मध्य मेरा घर है और मैं घर के बरामदे में ही बैठा हूँ तथा आपको जाते हुए देख रहा हूँ, मुझसे न मिलकर, जब आपने स्वयं आकर मिलने का आश्वासन दिया था, आप चले जाते हैं। इस वाक्य के आगे अब और कुछ लिखना मेरे लिए मूर्खता है। इसी पाराग्राफ में यह कहते हैं कि आपका अधिक प्रयास अभी उन साथियों से मिलने का रहा है जो एकता के लिए तुरत तैयार हैं और बातचीत होते ही तुरंत प्रयास में लग जाते हैं। आपने यह क्यों मान लिया कि मैं तैयार नहीं हूँ? आप कहेंगे, जैसा कि आप ऊपर लिख चुके हैं कि राजनारायण जी को सजा देने में मैंने सजा का समर्थन किया है। क्या जार्ज, मधु और दूसरे लोगों ने नहीं किया था बल्कि मैं स्वयं आपकी ओर से एकता के लिए आपसे बातचीत करने के लिए उतावला था, तभी तो तीन-चार बार आपके घर गया, चार-पाँच बार फोन किया? इस पारा में आपने जिन साथियों का नाम लिया है, जैसे मधु लिमये, जार्ज तथा और साथी यह तो 12 जून 1972 की बात है। इसके पहले स्वयं मधु और जार्ज, राजनारायण जी को सजा हो, इस मत के थे और उन्होंने सजा देने का समर्थन किया। तो फिर मेरे साथ यह भेदभाव क्यों ?

आपने यह कहा है कि अनुभव बताता है कि केवल शिखर पर भरोसा करना अब खतरे से खाली नहीं है। शिखर बहुत अयोग्य, अदूरदर्शी, गैर-जिम्मेवार साबित हो चुका है। कर्पूरी जी क्षमा करेंगे, क्या यह सत्य नहीं है कि आप भी शिखर वार्ता ही कर रहे हैं? आप भी उन्हीं शिखरों में से एक के प्रधान रहे हैं। क्या उस

शिखर तक पहुँचने का अवसर मेरे चाहने पर भी मुझको प्राप्त हुआ है? इलाहाबाद में 2-3 अगस्त,1972 को जो एकता वार्ता के लिए जिन लोगों को आपलोगों ने बुलाया था, उसमें क्या वही शिखर के लोग नहीं थे? क्या शिखर में मधु दंडवते, एन जी गोरे, एच बी कामथ, प्रेम भसीन, बसावन सिंह और मैं ही हूँ? इस संबंध में एक बात और। जैसा मुझे ज्ञात हुआ है कि इस शिखर सम्मेलन में इंद्र कुमार जी आमंत्रित किए गये। यदि यह सत्य है तो मुझे अत्यंत गौरव हुआ कि आपके द्वारा शाहाबाद का भी एक व्यक्ति शिखर तक पहुँचा। आपकी बातें उसी तरह की हैं, जिस तरह कम्युनिस्ट यह मानते हैं कि नेताओं से यदि वार्ता टूट जाए तो नीचे के लोगों से वार्ता की जाए और उन्हें तोड़ा जाए।

कर्पूरी जी! आपने लिखा है कि मेरे पत्र से यह ध्वनि निकलती है कि मुझको छोड़कर पार्टी की एकता की कल्पना सचमुच नहीं की जा सकती। आप ऐसे व्यक्ति से यह आशा मैंने नहीं की थी कि आप पत्र के उत्तर में व्यंग्य भी करेंगे।

आपने यह लिखा है कि 20-7-1972 की रात में लगभग एक-दो बजे बतलाया गया कि मैंने सूरज बाबू को संवाद भेजा है कि वे आपसे सचेत रहें, सँभल कर रहें, क्योंकि आप पुराना संसोपा को पुनर्जीवित करने का प्रयास कर रहे हैं। कर्पूरी जी, क्षमा करेंगे। न मालूम 20-7-72 को एक-दो बजे रात्रि में आप क्यों जागते और वह कौन सा ऐसा आदमी था कि इसी को कहने के लिए क्योंकि बहुत ही महत्वपूर्ण बात थी न, आपके जीवन और मरण और राजनीतिक भविष्य का एक-दो बजे रात तक जागता रहा और आपके घर पर गया। आप ऐसे व्यक्ति को चापलूसी, खुशामदी, स्वार्थी, भ्रष्ट, मतभेद पैदा करने वाले घेरे रहते हैं और आप उन्हीं की बातों पर विश्वास करते हैं, उसी का यह परिणाम है। आपको खुश करने के लिए मेरे जैसे व्यक्ति के बारे में आपके सम्मुख गलत-सलत बातें कह कर आपको उत्तेजित करते हैं। इसी सिलसिले में एक दिन अंबिका भाई, जिन्हें दादा कहा जाता है, को अपने घर से डाँट कर भगा दिया था। एक बार आपसे दिल्ली में, सभापति जी और कपिलदेव जी के सामने निवेदन किया था कि आप ऐसे लोगों को प्रोत्साहन न दें। कर्पूरी जी! आप और सूरज बाबू एक ही जिले में

जन्म लिये, राजनीति में आप सूरज भाई के साथ सन् 1942 से रहे, क्या सूरज भाई आपको जानते नहीं कि हमें उनको आपके बारे में बतलाना पड़ेगा? मैं ऐसा मानता हूँ कि सूरज बाबू आपसे अच्छी तरह परिचित हैं। मुझसे तो आपका संबंध सक्रिय रूप से 1952 के निर्वाचन के बाद हुआ है। भला कल्पना कीजिए कि जिसके साथ आप बचपन से रहे, उसे मैं आपके आचरण के बारे में क्या कहूँगा? यदि सूरज बाबू यह कह दें कि मैंने कभी उनको कहा हो कि वे कर्पूरी जी से सचेत रहें, सँभल कर रहें, क्योंकि कर्पूरी जी पुरानी संसोपा को पुनर्जीवित करने का प्रयास कर रहे हैं, तो एक क्षण के लिए भी सार्वजनिक जीवन में नहीं रहूँगा। मैं जानता हूँ सूरज भाई को, वे कितने निश्छल, साहसी, चरित्रवान, ईमानदार हैं। कितने आदमी सूरज भाई के चरित्र के हैं हमलोगों के साथ? सूरज भाई पर मुझे अभिमान और गौरव है।

कर्पूरी जी! इतनी छोटी और असत्य बातों पर आप उत्तंजित न हों तो अच्छा हो। मैंने स्वयं आपसे 27 जुलाई 1972 को छपरा में कहा था कि कुछ इस तरह का प्रचार चल रहा है कि पुरानी संसोपा को फिर से जीवित किया जाए। बात कौन छिपाता है? दो तरह के लोग। पहला कायर और दूसरा वह जो ऐसा काम या बात करता है, जिसे समाज नापसंद करता है। मैं आज भी इस बात को मानता हूँ कि क्या कारण है कि संसोपा के सारे नेताओं को छोड़कर केवल पुराने संसोपा ही के कुछ नेताओं को बुलाया गया। अपवाद स्वरूप सिर्फ सूरज भाई बुलाए गए जो पीछे भारतीय सोशलिस्ट पार्टी में चले गए थे। यह केवल मैं ही नहीं कर रहा हूँ, सैकड़ों साथी इस बात को जानते हैं।

आपने लिखा है कि आपके विरूद्ध मैं पछाड़कर शिकायत अभियान चलाता हूँ। यह भी लिखा है कि कृपया बंद न किया जाए। अंत में आपने यह भी लिखा है कि अपनी ओर से शिकायत अभियान आपके (मेरे) प्रति कभी प्रारंभ न करेंगे। कर्पूरी जी! आप विद्वान और प्रबुद्ध हैं न। आपने पछाड़-पछाड़ शब्द का अनुसंधान कब और कहाँ किया अथवा इस नए शब्द का निर्माण आपने कब किया? मैं अनपढ़ हूँ न! इसीलिए इस शब्द का अर्थ नहीं समझ पाया। यदि सत्य कहना शिकायत हो तो उसे मैं स्वीकार करता हूँ।

मैंने साथियों से कहा कि कर्पूरी जी पार्टी के सदस्य अब नहीं रहे। मैं राष्ट्रीय अध्यक्ष होता तो गाइड लाइन पर मतदान नहीं कराता। मैं यह भी कहता हूँ कि लोनावाला राष्ट्रीय तदर्थ समिति में कर्पूरी जी अध्यक्षता करने के लिए इसलिए तैयार नहीं हूँ कि उस बैठक में पार्टी उत्तर प्रदेश के झगड़े के कारण टूट जाएगी। इसी आशय का एक पत्र आपने केंद्रीय कार्यालय दिल्ली में भेजा था। परन्तु लोनावाला में आपके स्थान पर मैंने तदर्थ समिति की अध्यक्षता की और राजनारायण जी अपने पत्र विचार-विमर्श कराना चाहते थे, मैंने उनके पत्र को पढ़ कर सुनवा दिया, परंतु उनके विचार-विमर्श के प्रस्ताव को अध्यक्ष की हैसियत से अस्वीकृत कर दिया और उत्तर प्रदेश के तदर्थ समिति का गठन भी हो गया, जिसे आप उत्तर प्रदेश में जाकर करने में भी असमर्थ रहे। कहाँ पार्टी टूटी? मैं आज भी मानता हूँ कि मधु के गाईड लाइन पर आपको मतदान नहीं कराना चाहिए था। ऐसा मैं अपने साथियों से कहता हूँ। यह भी मैं कहता हूँ कि अपराधकर्मियों में भी एक ढीलाढाला अनुशासन होता है, परंतु अपनी पार्टी में अनुशासन है ही नहीं। यह भी मैं कहता हूँ कि राष्ट्रीय अध्यक्ष की हैसियत से लखनऊ में जाकर कर्पूरी जी का यह कहना कि पार्टी का कोई अधिकृत उम्मीदवार नहीं है, जबकि श्रीमती शकुंतला श्रीवास्तव अधिकृत उम्मीदवार थीं, उचित नहीं था। यदि यह शिकायत है, जो मैं नहीं मानता, तो मैं और लुक-छिप कर नहीं, सरेआम कहता हूँ। शिकायत उसको कहते हैं, जो लुक-छिप कर कान में कहा जाए और सामने मुकर जाया जाए। कर्पूरी जी! आप मेरे संबंध में क्यों शिकायत करें? क्योंकि आपके साथ कुछ ऐसे तत्व हैं जो आपका यह भार अपने ऊपर सँभाले हुए हैं और जिन्हें आपकी ओर से प्रात्साहन मिलता है।

आपने लिखा है कि 35 दिन पहले आपके घर गया था। यह बात सत्य है, परंतु आपका वह आगमन राजनीति पर बात करने के लिए नहीं था। आपकी पुत्री को पुत्र हुआ था, उसी के उपलक्ष में भोजन के लिए आप कहने आए थे। ज्योंही मुझे मालूम हुआ, मैं आपके घर गया, जिसे मैं अपना ही घर मानता हूँ। मैं गया और उस पुत्री तथा नाती को आशीर्वाद दिया, नाश्ता किया और वापस आया। परंतु, कर्पूरी जी, आपने इसमें भी मेरे साथ न्याय नहीं किया।

शिवानंद की शादी में तीन बार बारात चलने के लिए निवेदन किया था, पर मेरे उस अनुरोध और लालसा पर आपने पानी फेर दिया, आप नहीं गए। परंतु इसी वर्ष मेरे ही गाँव के समीप एक कार्यपालक अभियंता के लड़के की शादी में आप गए। मुझे आश्चर्य हुआ, सरकारी कार्यपालक अभियंता की बारात आए, परंतु इसी स्थान पर मेरे पुत्र की शादी में मित्र और साथी होते हुए भी मेरे अनुरोध को आपने स्वीकार नहीं किया। इतना ही नहीं आपने अपनी पुत्री की शादी में भी आमंत्रण देना तो दूर रहा, यह भी नहीं कहा कि अमुक तिथि को शादी है, जिसमें मैं वर-वधू को अपना आशीर्वाद देने के लिए उपस्थित हो सकता। मैं यह जानता हूँ कि आपने किसी को आमंत्रित नहीं किया, फिर भी अधिक संख्या में गण-मान्य सरकारी अधिकारी और अपनी पार्टी के साथी गए थे। यही तो मेरा दुर्भाग्य रहा कि मेरे आमंत्रण पर भी आप नहीं गए और आपके यहाँ लोग बिना निमंत्रण के भी गए। इस बात को मैंने आपके पुत्र रामनाथ से कहा था और उसे आश्वस्त किया कि तुम्हारी शादी में कर्पूरी जी निमंत्रण दें या न दें, मैं चलूँगा।

कुछ बातें और। कर्पूरी जी! जब आप मुख्यमंत्री बने तो यह प्रश्न उठा कि पार्टी के कौन-कौन से साथी को मंत्रिमंडल में लिया जाए? आपने यह स्पष्ट रूप से दृढ़ता के साथ कहा कि यह अधिकार दल के नेता का है, अतः तिवारी जी को नाम देना होगा। मैंने कई बार आपसे अनुनय-विनय किया हम और आप बैठ कर नामों पर विचार करें, परंतु आपने ऐसा करने से स्पष्ट रूप से इंकार किया। मैं बड़ी परेशानी में पड़ा। फिर भी, जब आपने साथ नहीं दिया तो मैंने नामों की एक सूची तैयार की और श्रद्धेय जोशी जी के सामने आपको दिया। जोशी जी ने आपसे पूछा था कि इन नामों के संबंध में आपका क्या विचार है, तो आपने कहा कि अच्छे हैं। बाद में चल कर आपने अपने इस विचार को बदल दिया और कहा कि इससे भी अच्छी सूची बन सकती है। परन्तु आपने मेरी सूची के अनुसार लोगों को शपथ नहीं दिलाई, आपने कहा कि संसदीय बोर्ड की स्वीकृति के बाद शपथ होगी। लखनऊ में संसदीय बोर्ड की बैठक बुलाई गई, परन्तु आप उस बैठक में सम्मिलित नहीं हुए, जैसा कि आपका स्वभाव है। लखनऊ में मधु जी ने कहा कि कर्पूरी जी श्री इमामुल हई खां को भी मंत्रिमंडल में लेना चाहते हैं। मैं तथा अन्य साथी यह सुन कर

अवाक् रह गए। मैंने कहा कि कर्पूरी जी मुझसे क्यों नहीं कहते हैं, जब तक वे मुझसे नहीं कहेंगे, मैं श्री इमामुल हई खां को मंत्रिमंडल में नहीं शामिल करूँगा। बैठक स्थगित हो गई थी, अगली बैठक में इस पर विचार होगा। आपने और साथियों का शपथ ग्रहण नहीं कराया और कहा कि जब तक संसदीय बोर्ड की अनुमति नहीं होगी मैं शपथ ग्रहण नहीं कराऊँगा। परन्तु ज्योंही मधु जी पटना आए और आपकी उनसे बातचीत हुई, आपलोगों ने मंत्रिमंडल में भोला जी को लेना तय कर लिया, तो बिना संसदीय बोर्ड की अनुमति लिये शपथ ग्रहण करा दिया, जबकि मुझसे कहा तक नहीं। मैंने मंत्रिमंडल के लिए अपनी सूची में दो हरिजनों का नाम दिया था, एक मंत्री और एक राज्य मंत्री, परंतु उस अभागे गरीब हरिजन, जो मंत्रिमंडल स्तर का था, को राज्यमंत्री की शपथ दिलाई गई और राज्यमंत्री के लिए जिस हरिजन का नाम था, उसे छोड़ दिया गया और हरिजन के स्थान पर श्री भोला प्रसाद सिंह को आपने शपथ दिलाई। यही पार्टी की विशेष अवसर की नीति है न? कुछ दिन के बाद मैंने आपको एक पत्र लिखा कि अब भी किसी एक हरिजन को मंत्रिमंडल स्तर का मंत्री बनाया जाए, तो आपने उस हरिजन का नाम माँगा तो मैंने श्री रामचंद्र भानु का नाम दिया, परंतु कर्पूरी जी, श्री रामचंद्र भानु और मैं प्रतीक्षा ही करता रह गया और आपने श्री इमामुल हई खां को शपथ दिला दी तथा बेचारा हरिजन देखता ही रह गया। दल के नेता का यह अधिकार था या संसदीय बोर्ड का अथवा आपका? यही आपकी लोकतांत्रिक पद्धति है। कर्पूरी जी! आप क्षमा करेंगे। आपने सोचा कि तिवारी से इसलिए नाम लूँ कि जिसका नाम देंगे वह तो खुश होगा, मगर बाकी लोग असंतुष्ट हो जाएँगे और इनका साथ छोड़ देंगे। अंत में हरिजन का नाम इसीलिए माँगा कि दूसरे हरिजन असंतुष्ट होंगे। परंतु हरिजन का नाम लेकर आपने इमामल हई खां को शपथ दिलाई। यह विचित्र विधि की विडंबना है।

कर्पूरी जी! आपने अपने मित्रों के कहने से जमशेदपुर में अनिश्चित काल के लिए दिसम्बर 69 में अनशन प्रारंभ किया। मुझसे कहा तक नहीं। फिर भी मैंने आपके प्रति अपना कर्त्तव्य समझा और आपके अनशन के दूसरे ही दिन जमशेदपुर पहुँचा तथा अपनी पूरी शक्ति और समझ के अनुसार अपने जीवन पर खतरा लेकर कार्य किया,

जिससे आपका अनशन सफल हो। आपका अनशन टूटा और ऐसे दो-तीन साथी, जो आपके अंतरंग मित्र थे और नहीं चाहते थे कि अभी आपका अनशन टूटे, इनमें श्री इमामुल हई खां भी थे, जिन्होंने आपकी निंदा की। यहाँ तक कहा कि अनशन में दवाई नहीं ली जाती है, लेकिन कर्पूरी जी ने दवा लेकर अनशन के महत्त्व को कम किया। जब मैंने इस बात का विरोध किया तो मैं बदनाम किया गया कि श्री आर एस पांडे से एक लाख रूपया लेकर आपका अनशन भंग करा दिया और यह बात इमामुल हई खां ने कही। जब मैंने यह बात श्री इमामुल के समक्ष आपसे कही तो आपने अपने अंतरंग मित्र को डाँटना या साथ छोड़ना तो दूर, बल्कि यह कहा कि छोड़िए इन बातों को। आप वह दिन भूल गए, जब भोला जी ने राज्य समिति की बैठक में कहा था कि कर्पूरी जी ने तीन लाख रूपया पार्टी के नाम पर ले लिया है और कोई हिसाब नहीं दिया है, तो कई लोगों ने इसका विरोध किया, जिनमें एक मैं भी था और इसके लिए भोला जी को डाँटा भी था। भोला जी के इस आरोप की जाँच के लिए श्री धनिक लाल मंडल के संयोजकत्व में एक उपसमिति भी बनी थी, जिसकी आज तक एक बैठक नहीं हो सकी।

आपने दिनमान के स्पष्टीकरण में मेरे संबंध में कहा है कि मैं जब स्वर्गीय आचार्य नरेंद्र देव और एस एम जोशी की अध्यक्षता में पार्टी टूटी तो उनको अपराधी न मान कर आपको ही क्यों अपराधी मानता हूँ। कर्पूरी जी! शायद किसी राजनीतिक दल में ऐसा अध्यक्ष हुआ है क्या, आप जैसा? जबलपुर में आप ज्योंही अध्यक्ष निर्वाचित हुए, उसके थोड़ी देर बाद ही अध्यक्ष पद से इस्तीफा दे दिया। फलतः प्रथम राष्ट्रीय समिति की बैठक की आपने अध्यक्षता नहीं की। यानी जबलपुर से उस वक्त तक, जब तक आप पार्टी के सदस्य रहे एक ही साथ अध्यक्ष पद से इस्तीफा और पद पर बने रहे, इन दोनों कामों को बखूबी अंजाम देते रहे। क्या आचार्य जी और जोशी जी अथवा अन्य किसी अन्य अध्यक्ष ने भी ऐसा किया ? आपकी ही अध्यक्षता में चौदह विधायकों ने श्री दारोगा प्रसाद राय के मंत्रिमंडल के विरुद्ध अविश्वास प्रस्ताव पर पार्टी के आदेश के पक्ष में मतदान नहीं किया? आपकी ही अध्यक्षता में 1970 के विधान परिषद के चुनाव में एक विधायक साथी ने पार्टी उम्मीदवार के लिए

मत नहीं दिया। गत विधान परिषद के निर्वाचन में भी आप ही की अध्यक्षता में आठ विधायक साथियों ने पार्टी के विरुद्ध निर्दलीय उम्मीदवार को मत दिया आज भी वे साथी सीना तान के चल रहे हैं। यहाँ तक उनमें से कई तो आपके गुट में ही सम्मिलित हैं। इन साथयों का किसी ने बाल भी बाँका नहीं किया। फिर भी आप अध्यक्ष पद पर बने रहे। क्या आचार्य जी और एस एम जोशी अथवा और अध्यक्ष की अध्यक्षता में ऐसा हुआ था? आचार्य जी की अध्यक्षता में डाक्टर लोहिया जी जैसे महान समाजवादी अनुशासन भंग के अपराध में पार्टी से निष्कासित किए गए थे। आपने इसी में लिखा है कि मेरे पास वह तटस्थ और निष्पक्ष विवेक कहाँ है? इस संबध में मैं कुछ कहना नहीं चाहता, क्योंकि मेरे संबंध में ऐसा सोचने का आपको अधिकार है, पर एक निवेदन करूँगा।

मानव परिपूर्ण नहीं, अपूर्ण होता है, हम सभी मानव हैं इसलिए उन सारी दुर्बलताओं को लेकर मैं जन्म लिया हूँ, जो मानव में होती हैं। मैं मानव हूँ, अतिमानव नहीं। मुझमें भी ईर्ष्या, द्वेष, महत्वाकांक्षा, प्रतिस्पर्धा, प्रतिशोध और मोह है। आप ऐसे महान व्यक्ति इसके अपवाद हो सकते हैं। कर्पूरी जी! आपके और मेरे विकास में भी तो अन्तर है न! मेरा जन्म, जिस तरह नाली में पिल्लू होता है, उसी तरह हुआ है। जिस तरह वह पिल्लू उपेक्षित रहता है, उसी तरह मैं भी उपेक्षित रहा हूँ। मुझे महाविद्यालय तो दूर उच्च विद्यालय में भी प्रवेश करने का अवसर नहीं मिला। अभिभावक के अभाव में इधर से उधर घूमता रहा, किसी लड़के को मैंने गाली दी, उसने मुझे गाली दी, मेरा तो वही संस्कार है न। आपने भी एक गरीब परिवार में जन्म लिया, जो सदियों से शोषित और उपेक्षित रहा। पर आप बचपन से ही भाग्यशाली रहे। जिससे महाविद्यालय तक अध्ययन के लिए प्रवेश करने का आपको अवसर मिला। राजनीति में भी आपके अपने स्वभाव और गुण के कारण पूज्य जयप्रकाश जी, श्री रामनंदन मिश्र और डॉ. लोहिया आदि की छत्र–छाया प्राप्त रही। इससे भी मैं राजनीति में वंचित रहा। इसलिए कि मैं सिपाही रहा, सिपाही का ही स्वभाव है न। इन्हीं सभी कारणों से मेरे पास वह तटस्थ और निष्पक्ष विवेक कहाँ है, जो आपमें है। मैंने ऐसा दावा न कभी किया है और न करता हूँ।

इतना ही नहीं कर्पूरी जी ? मैं ऐसा नहीं मानता कि राजनीति में मैं उसी तरह सत्यवादी हूँ, जिस तरह आप हैं। एक बात और। इधर आप बार–बार डॉक्टर लोहिया जी का नाम लेते अघाते नहीं, परंतु जिस दिन लोहिया जी ने 1955 में प्रजा सोशलिस्ट पार्टी से अलग नई सोशलिस्ट पार्टी बनाई तो आपको उनके आदर्श से उस वक्त आकर्षण नहीं हुआ, जितना कि अभी। आज का मानव कहाँ जाएगा,यह सोचकर हृदय काँप जाता है।

मुझे विश्वस्त सूत्रों से जानकारी हुई है कि श्रीमती इन्दुमती केलकर ने राजनारायण जी के इलाहाबाद सम्मेलन के पहले आपको एक पत्र लिखा था। आपने उस पत्र के उत्तर में उनको लिखा था कि आप उसी दल में सम्मिलित होंगे जो लोहिया की नीति को कार्यान्वित करे और सत्तारूढ़ कांग्रेस का प्रबल विरोधी और लड़ाकू हो। यदि यह सत्य है तो आपके और राजनारायण जी के दृष्टिकोण में कुछ साम्य है, क्योंकि राजनारायण जी भी तो यही कहते हैं कि हमलोग सोशलिस्ट पार्टी वाले लोहिया जी की नीति को नहीं मानते और इंदिरा समर्थक हैं। मैं न अन्ना दुरई बनाना चाहता हूँ, जैसा कि आपके कुछ अनुयायी आपको बनाना चाहते हैं, न वशिष्ठ न चाणक्य। मैं तो इन दोनों का विनाश चाहता हूँ और वाल्मीकि की उदार परम्परा को चलाना चाहता हूँ तथा लोहिया जी की जाति नीति को स्थापित करना चाहता हूँ।

मेरी कामना है कि, आपके बड़े भाई होने के नाते, कि आप स्वस्थ एवं प्रसन्न रहते हुए अपने उस आदर्श को प्राप्त करें, जिसकी आपने कल्पना की है। परंतु एक विनम्र प्रार्थना है कि मेरी भाषा और शब्दों पर ध्यान न देकर मेरी भावनाओं को समझने की कृपा करेंगे। विशेष प्रणाम।

आपका पुराना साथी,
रामानंद तिवारी

कर्पूरी ठाकुर का पत्र रामानंद तिवारी के नाम

आदरणीय तिवारी जी,
सादर प्रणाम।

आपका पत्र दिनांक 20 जुलाई 1972 प्राप्त हुआ। आपने लिखा है कि इधर आपने मुझे कई पत्र लिखे हैं। क्या यह सचमुच सच है? इधर कई महीने के अंदर आपका दिनांक 20-7-1972 का केवल एक पत्र ही मेरे नाम से संबोधित है। उसके पहले का एक पत्र तो दिनमान को संबोधित है, मात्र उसकी प्रतिलिपि मेरे नाम से अग्रसारित है। वह पत्र मेरे लिए नहीं दिनमान के लिए है। हाँ, आपकी विशेष कृपा के कारण मुझे भी सूचनार्थ प्रेषित है। किसी और पत्र की मुझे कोई जानकारी नहीं। जो हो, मैं विवाद में व्यर्थ नहीं पड़ना चाहता।

आपके पत्र के पाराग्राफ-2 का उत्तर यह है कि एकता संबंधी मेरे प्रयासों से पूर्णतः अवगत हैं। 12 जून को मैंने अपने पटना निवास पर राष्ट्रीय तदर्थ समिति के सदस्यों को जो औपचारिक बैठक में एकता का प्रस्ताव रखा था, क्या आपने मेरी बातें उस दिन नहीं सुनी थीं? क्या राष्ट्रीय तदर्थ समिति ने मेरे प्रस्ताव पर, जिसे श्री मधु लिमये ने अनौपचारिक रूप से उपस्थित किया था, 12 जून के अपराह्न और रात में विचार नहीं किया था। क्या आपने उक्त प्रस्ताव का विरोध नहीं किया था? मैं एकता हेतु जो कुछ करता रहा हूँ, उसका आधार मेरा 12 जून का प्रस्ताव है। ऐसी स्थिति में आपका बार-बार यह कहना कि एकता के मेरे प्रयास आपके समझ के बाहर है, मुझे आश्चर्य में डाल देता है। सब कुछ जानते हुए भी आप अनजान बनने की कोशिश कर रहे हैं।

पाराग्राफ-3 के बारे में मुझे यह उत्तर देना है कि मैंने सिर्फ सूरज बाबू को ही अपनी राय बतायी थी, किसी और नेता को नहीं। उन्होंने

मेरी राय राष्ट्रीय तदर्थ समिति तक पहुँचा दी थी। सूरज बाबू की राय और मेरी राय उस विषय पर मिलती थी। आपकी राय मेरी राय से बिल्कुल उल्टी थी। राष्ट्रीय समिति में इसे आप सिद्ध कर चुके थे मेरी ओर से न तो भेद की बात थी, न है और न उपेक्षा की।

पाराग्राफ-4 के बारे में आपसे मैं पूरी बात बहुत पहले बता चुका हूँ। आपका कहना बिल्कुल बेबुनियाद है। श्री सुरेंद्र जी 'अकेला' इसके साक्षी हैं। एक ही बात को बार-बार दुहराते रहने से क्या फायदा? ये दुहराने पर भी आप माननेवाले नहीं हैं।

पाराग्राफ-5 के बारे में मुझे यह कहना है कि कुछ बातें बेबुनियाद हैं, मगर कुछ बातें सही हैं। सभापति भाई के निवास पर और आपके निवास पर मेरे मिलने की बात सही है। मेरे अलग पार्टी बना लेने की बात बेबुनियाद है। हाँ, अलग पार्टी बनाने का विचार मैंने अवश्य व्यक्त किया था। मगर वह विचार जून सम्मेलन में रखा जानेवाला था, सम्मेलन के विचारार्थ। विचार या प्रस्ताव देने में कोई दोष नहीं है। निर्णय तो सम्मेलन करता। आप उक्त दोनों बातों को सोते-जागते, उठते-बैठते चलते-फिरते पछाड़-पछाड़ कर साथियों को समझा रहे हैं, लिख-लिखकर साथियों के पास भेज रहें हैं। आप ठीक ही कर रहे हैं। मैंने पार्टी के अध्यक्ष पद से और प्राथमिक सदस्यता से त्याग-पत्र दे रखा है, परंतु आपकी इच्छा और कोशिश के बावजूद मेरा त्याग–पत्र अभी तक स्वीकार नहीं हुआ है। मैंने दंडवते भाई से भी त्याग–पत्र की स्वीकृति के लिए आग्रह किया था। यदि स्वीकार नहीं हुआ है तो भला इसमें मेरा क्या कसूर?

पाराग्राफ-6 के बारे में मुझे कोई उत्तर नहीं देना है सिवाय इसके कि मैं किसी मामूली से मामूली साथी की भी उपेक्षा करने की कल्पना नहीं कर सकता, आप तो आप ही हैं। यों मेरे इस कथन का आप पर कोई असर पड़नेवाला नहीं है।

पाराग्राफ-7 की बात आपकी अपनी बात है, उसके बारे में भला मैं क्या कहूँ?

पारागाफ-8 के बारे में मुझे यह कहना है कि एकता जहाँ मत और मन मिलने से, जहाँ स्वेच्छा से, जहाँ समझाने-बुझाने और प्रेम से हो सकती है, वहीं परिस्थिति के दबाव और लाचारी से भी। अधिक बहस में नहीं पड़ूँगा।

पाराग्राफ-9 के बारे में मुझे यह कहना है कि मैं अनुभव करता हूँ कि यदि बिहार की पार्टी एक रह जाती या अभी भी एक हो जाए तो भारत की पार्टी में एकता बात की बात में हो जाएगी। यह गारंटी कोई नहीं कर सकता कि प्रत्येक एकता स्थायी, चिरस्थायी होगी। एकता दीर्घकालीन हो, इसी का प्रयास किया जा सकता है।

पाराग्राफ-10 के बारे में मुझे साफ तौर से कहना है कि मैं आपके इस सुझाव से कतई सहमत नहीं हूँ कि सिर्फ आप, सूरज बाबू, बसावन बाबू और मैं बैठकर एकता के सारे मुद्दों पर विचार करूँ। क्या श्री उपेन्द्र नाथ वर्मा की अध्यक्षता में जो पार्टी चल रही है, उसके किसी भी प्रतिनिधि को प्रथम बैठक में नहीं बुलाना चाहिए? यदि आपके सुझाव के मुताबिक काम किया जाए तो एक खण्ड के लोगों में शुरू में ही भ्रम फैल जाएगा और काम बनने के बजाए बिगड़ जाएगा। मैं प्रारंभ से ही, प्रथम बैठक से ही, किसी की उपेक्षा करने को कतई तैयार नहीं हूँ। मैंने इस तरह की कोई बैठक न तो अब तक बुलायी है ,न अब तक किसी की उपेक्षा की है, न आगे ही उपेक्षा करूँगा। मेरी राय है कि जब भी बैठक हो, प्रत्येक खण्ड के साथियों को बुलाना चाहिए। काम बनाना है, न कि बिगाड़ना है।

पाराग्राफ-11 के संबंध में मुझे स्पष्ट कर देना है कि मैं एकता का प्रयास अखिल भारतीय स्तर पर कर रहा हूँ, न कि केवल बिहार के स्तर पर। एकता का प्रयास कई लोगों का सम्मिलित प्रयास है, सिर्फ मेरा ही नहीं। आपकी उपस्थिति में ही 12 जून को सारी बातें हुई थीं और हम सभी गुनहगार वहाँ हाजिर थे। हाँ, अब 12 जून के अनुसार मधु जी और जार्ज साहब भी एकता प्रस्ताव के समर्थक हैं और कई अन्य साथी भी। मैं फिर से साफ कर दूँ कि 12 जून की अनौपचारिक बैठक में आपकी उपस्थित में मैंने जो प्रस्ताव उपस्थिति किया था, वह अखिल भारतीय पार्टी की एकता के लिये था, न कि बिहार पार्टी की एकता के लिये। राष्ट्रीय तदर्थ समिति ने मेरे जिस प्रस्ताव पर विचार किया था, वह अखिल भारतीय पार्टी एकता से संबंध रखता था और रखता है, बिहार पार्टी की एकता से नहीं। जब मैं यह कहता हूँ कि बिहार पार्टी यदि एक रह जाती या यदि आज भी एक हो जाए तो पार्टी की एकबद्धता में विलंब

नहीं होगा तो इसका मतलब यह नहीं है कि मैं अपने प्रयास को बिहार पार्टी की एकता तक ही सीमित रखना चाहता हूँ बल्कि इसका मतलब यह है कि राष्ट्रीय पार्टी की एकता के जो प्रयास हो रहे हैं, उनको बिहार की एकता से अत्यधिक बल मिलेगा और एकता होकर रहेगी।

अंतिम पाराग्राफ के उत्तर की आवश्यकता नहीं है।

कुछ बात और। यदि मैं गंगा में पैठकर भी कहूँ कि आपकी उपेक्षा मैं नहीं करता हूँ तो आप माननेवाले नहीं हैं। इसलिए इस संबद्ध में अधिक कुछ कहना अनावश्यक है। आपका यह कहना बेबुनियाद है कि मैंने आपको और बसावन बाबू को छोड़ सब किसी से बातचीत की है। समय मिलता रहता, तो मैं सब किसी से जरूर मिल लेता, सबों से बातचीत करने का प्रयास करता। अकेले आपके साथ तो हर्गिज नहीं, मगर आप समेत पाँच साथियों के समक्ष मैं यह साबित करने को तैयार हूँ कि आपका यह अभियोग शत-प्रतिशत निराकार है कि मैं सबसे मिल चुका हूँ सिवाय आपके और बसावन बाबू के। मैं आपको यह भी बता दूँ कि मेरा अधिक प्रयास अभी उन साथियों से मिलने का रहा है जो एकता के लिए तुरंत तैयार हैं और बातचीत होते ही तुरंत प्रयास में लग जाते हैं। आप जानते ही हैं कि 12 जून को मैंने जो प्रस्ताव दिया था, उसका श्री मधु लिमये और श्री जार्ज फर्नांडिस के अलावा बिहार के सर्वश्री कपिलदेव सिंह, सभापति सिंह, रमापति सिंह, मुनीश्वर प्रसाद सिंह और त्रिपुरारी प्रसाद सिंह जैसे अनेक साथियों ने भी समर्थन किया था। वैसे साथियों से मिलकर बात को आगे बढ़ाने में मैंने अधिक लाभ देखा है। यह खयाल कभी नहीं रहा कि किसी की उपेक्षा की जाए। उपेक्षा करने का खयाल कभी भविष्य में भी नहीं रहेगा।

इस संबंध में एक महत्वपूर्ण बात और। अनुभव बतलाता है कि केवल शिखर पर भरोसा करना अब खतरे से खाली नहीं। शिखर अब वह शिखर नहीं रहा। शिखर बहुत कुछ अयोग्य, अदूरदर्शी और गैर-जिम्मेदार साबित हो चुका है। इसलिए मैं मामा बालेश्वर दयाल जी से सहमत हूँ कि शिखर से अधिक भरोसा शाखा पर किया जाए, यदि शिखर नहीं मानता है और टूटना ही चाहता है तो टूटे, किंतु शाखा को टूटने से बचाया जाय।

यह निर्विवाद है कि आपका व्यक्तित्व महान है, आपके गुण, कार्य,

त्याग, पार्टी के निर्माण में योगदान, सब कुछ महान हैं। आपके महान व्यक्तित्व का पूरा लाभ पार्टी को मिलना ही चाहिए।

आपके पत्र से यह ध्वनि निकलती है कि आपको छोड़कर पार्टी की एकता की कल्पना सचमुच नहीं की जा सकती। यह बिल्कुल सही है। मैं आपके इस कथन को बेबुनियाद और जानबूझकर भ्रम फैलानेवाला मानता हूँ कि आप तो मुझसे मिलने के लिए बेचैन रहा करते हैं, लेकिन मैं ही आपकी उपेक्षा करता रहा हूँ और मिलने से कतराता रहा हूँ।

मुझे 20-7-72 की रात में लगभग एक-दो बजे बतलाया गया कि आपने सूरज बाबू को संवाद भेजा है कि वे मुझसे सचेत रहें, संभल कर रहें, क्योंकि मैं पुरानी संसोपा को पुनर्जीवित करने का प्रयास कर रहा हूँ। उसका मेरे ऊपर कोई असर नहीं है। इसलिए मैं इसका कोई उत्तर नहीं चाहता।

आप जो सारे सूबे के साथियों के बीच और पटना में भी मेरे विरुद्ध पछाड़–पछाड़कर शिकायत अभियान चलाते रहे हैं, उसे कृपया बंद नहीं किया जाए। मेरी तरफ से आप निश्चिंत रहें कि मेरा शिकायत-अभियान कभी प्रारंभ नहीं होगा, फिर बंद करने का सवाल कहाँ उठता है?

मैं आपसे बार-बार बातें करने को तैयार हूँ, आवश्यकतानुसार और समय मिलने पर और समय निकाल कर भी। मैं लगभग 35 दिन पहले आपके घर पर गया था, आपका और हमारा उमानाथ साक्षी है। आप नहीं थे। आपको और पूरे परिवार को भोजन के लिए बुलाने गया था। रामनाथ भी गया था और शायद वीरेंद्र भी। आप नहीं थे, मेरा दुर्भाग्य! वह भी अभी बाकी है।

आपका
कर्पूरी ठाकुर

कर्पूरी ठाकुर का पत्र गुलाम सरवर के नाम

प्रिय श्री गुलाम सरवर साहब,

आपका खत दिनांक 17 जुलाई 1981 का आज मिला। आप जैसे बहादुर, बागी और ओजस्वी वक्ता के लिए बिहारशरीफ के दंगों के मामले में मेरा कार्य आपको असंतोषजनक लगा, इस पर मुझे कोई अचरज नहीं है। यह मैं जानता हूँ कि जितना, जो कुछ आप कर सकते हैं, वैसा और उतना मैं हरगिज नहीं कर सकता। बात रह गई धोखा देने की, इसके संबंध में मुझे निवेदन करना है कि यह पेशा कोई और करता होगा और करता रहेगा। मैंने जिंदगी में किसी के साथ धोखा देने का पेशा न किया है और न करूँगा।

मुझे यह जानकर तकलीफ हुई कि आपने खत में यह लिखने का साहस किया – लगातार तहरीर और तकरीर के जरिये मुझे ही सफाई देने का काम करना है। मैं नहीं जानता कि आपको क्या सफाई कहाँ देनी पड़ी है। हाँ, मैं जरूर जानता हूँ और पूरी जिम्मेदारी के साथ कहना चाहता हूँ आपके लिए सन 1967, सन 1971 तथा सन 1977 में गृहमंत्रालय की विशेष शाखा रिपोर्ट के कारण केंद्रीय सरकार के सामने मुझे कई बार सफाई जरूर देनी पड़ी है। यहाँ बिहार में कब-कब और कितने लोगों के सामने आपके लिए मुझे सफाई देनी पड़ी है, यह मैं व्यक्त नहीं करना चाहता। शायद आपको मालूम होगा कि केंद्रीय सरकार और बिहार सरकार के गृहमंत्रालय की विशेष शाखा में आपको पाकिस्तानी करार दिया जाता था, लेकिन मैं सफाई देता था और लड़ाई करता था कि आप पाकिस्तानी नहीं बल्कि हिन्दुस्तानी हैं। आपके खत से मुझे हैरत है।

आपने सुझाव दिया है कि एक सप्ताह में मैं आपके लिए विधायकों की बैठक बुला दूँ। आपके सुझाव पर मैं कोई ध्यान नहीं दूँगा, बैठक नहीं बुलाऊँगा, आपको बैठक बुलवाना है तो पार्टी के अध्यक्ष को कहिए। वे यदि मुझे आदेश देंगे तो मैं बैठक जरूर बुलवा दूँगा।

सस्नेह,

आपका कर्पूरी ठाकुर।

09.08.81

न्यायालय और जाति : अशोक कुमार चौधरी का पत्र

अर्द्ध सरकारी पत्रांक 2506 गो.

प्रिय श्री सिन्हा*,

दिनांक 30.04.78 को मुख्यमंत्री जी आरा आये थे। उस समय उनके सामने कुछ लोगों ने स्थानीय न्यायपालिका के सदस्यों के बारे में शिकायत की थी। मुख्यमंत्री जी ने मुझे आदेश दिया था कि मैं एक प्रतिवेदन आपको सभी बातों से अवगत कराते हुए भेजूँ। मुख्यमंत्री जी ने प्रशासन के और दूसरे पहलुओं के बारे में भी जानना चाहा था। उसका भी जिक्र में इस पत्र में कर रहा हूँ।

यह बात सत्य है कि आरा में न्यायपालिका के कुल तीन पदाधिकारियों को प्रथम श्रेणी के दण्डाधिकारी की शक्ति दी गयी है वे हैं–

1. श्री राम अवतार सिंह, मुख्य न्यायायिक दण्डाधिकारी, आरा
2. श्रीमती विद्युत प्रभा सिंह, अनुमंडलीय न्यायायिक दंडाधिकारी, आरा
3. श्री राम आशीष सिंह, न्यायायिक दंडाधिकारी, आरा

ये तीन जाति के राजपूत हैं और ऐसा पाया गया है कि ये राजपूतों का खुलकर पक्षपात करते हैं चाहे वह अपराधकर्मी ही क्यों न हो। श्री राम आशीष सिंह ने भरे न्यालय में मुवक्किल से यह बात कही कि आपको राजपूत वकील नहीं मिलते हैं। इस आशय का शपथ पत्र जिला एवं सत्र न्यायाधीश के सामने दिया गया है।

हरे कृष्ण एक कुख्यात अपराधकर्मी है एवं बहुत सा कत्ल इन्होंने

---

* यशवंत सिन्हा, मुख्यमंत्री कर्पूरी ठाकुर के प्रधान सचिव।

खुले आम किया है। अभी ये आरा नगर थाना मुकदमा संख्या 13/12/77 में विचाराधीन बंदी के रूप में जेल में हैं। इनके साथ श्री राम अवतार सिंह का पक्षपातपूर्ण रवैया रहा है। यह रवैया राज्य बनाम बनारसी मिस्त्री आरा नगर मुकदमा संख्या 9/11/75 धारा 279/337/30 भा. द. वि. जी. आर. 2270/1975 में साफ परिलक्षित होता है। इस मुकदमा में दिनांक 5.4.78 को श्री राम अवतार सिंह का एक आदेश पत्र पारित हुआ जिसकी प्रतिलिपि श्री गनपत चौधरी, जो एक क्षुब्ध पार्टी हैं, ने दो बार लिया। एक आदेश की प्रतिलिपि इन्होंने दिनांक 6.4.78 को लियी जो कि इस पत्र के परिशिष्ट 'क' पर है एवं दूसरी प्रतिलिपि दिनांक 10.04.78 को लिया जो इस पत्र के परिशिष्ट 'ख' पर है। दिनांक 10.04.78 को जो प्रतिलिपि ली गयी उसमें एक कंडिका अधिक मिली जिसको मैंने आपकी सुविधा के लिए लाल स्याही से रेखांकित कर दिया है। यह कंडिका दिनांक 06.04.78 को जो प्रतिलिपि ली गयी है, उसमें नहीं है, किंतु दोनों प्रतिलिपि दिनांक 05.04.78 के आदेश की ही है। अतः स्पष्ट है कि उस तिथि के आदेश में यह कंडिका बाद में जोड़ी गयी।

मुझे यह शिकायत मिली कि हरे कृष्ण सिंह आरा जेल में भी आरा नगर के दुकानदारों को डराता है एवं वसूल करता है। मैंने उसका स्थानान्तरण बक्सर जेल में किया है। मुख्य न्यायायिक दंडाधिकारी के पास हरे कृष्ण ने उनके स्थानान्तरण के विरुद्ध एक आवेदन पत्र दिया एवं उस पर वे कोई विचार नहीं दे रहे थे। उनका स्थानान्तरण नहीं होने के कारण श्री गनपत चौधरी ने कहा कि उनके एक और लड़के की मृत्यु दिनांक 18.03.78 को रहस्यपूर्ण ढंग से हुई। यह कहाँ तक सत्य है, मैं नहीं जानता लेकिन यह बात सत्य है कि मुख्य न्यायायिक दंडाधिकारी को अभियुक्त के स्थानान्तरण के संबंध में दखल देने का कोई अधिकार नहीं है, लेकिन उन्होंने दखल दिया। इसके अलावा भी मेरे नाम से गनपत चौधरी ने एक आवेदन पत्र दिया है जिसमें उन्होंने मुख्य न्यायायिक दंडाधिकारी के रवैये का विस्तार में जिक किया है। अगर सरकार चाहे तो इसकी जाँच निगरानी विभाग से करा सकती है। मैं एक आवेदन पत्र की प्रतिलिपि संलग्न कर रहा हूँ।

उसी प्रकार एक दूसरे बहुत कुख्यात अपराधी श्री वीर बहादुर सिंह हैं जिनपर बहुत से हत्याकांड एवं डकैती के अभियोग पत्र दाखिल किये जा चूके हैं। बक्सर थाना मुकदमा संख्या 23/3/77 राज्य

बनाम वीर बहादुर सिंह, ये आरा जेल में विचाराधीन बंदी है। जेल मैनुअल के अनुसार विचाराधीन बंदी को उच्च श्रेणी देने का अधिकार जिला पदाधिकारी में निहित है। इस संबंध में जेल मैनुअल के नियम 844/2 में स्पष्ट है जो निम्न प्रकार है:–

लेकिन श्रीमती विद्युत प्रभा सिंह ने वीर बहादुर सिंह को बिना मेरी अनुमति के ही श्रेणी–2 का आदेश दे दिया, जो नियम के विरुद्ध था। अतः मैंने कारा अधीक्षक को उनके आदेश को नहीं मानने को कहाँ उसी न्यायालय से वीर बहादुर सिंह को कुछ दिन बाद जमानत मिल गयी। जमानत देने का एक आधार यह भी बनाया गया जो कि आदेश के निम्नलिखित उद्धरण से स्पष्ट है:–

स्पष्ट है कि यह आधार बिलकुल गलत है क्योंकि अगर कोई कैदी बीमार है तो उसके लिए जेल में अस्पताल की व्यवस्था है। केवल उच्च श्रेणी नहीं दिया जाना जमानत का आधार नहीं बनाया जा सकता है। जमानत के आदेश में इन्होंने कहा कि लोक अभियोजक ने न्यायालय के सामने यह नहीं कहा कि जमानत देने से अभियुक्त न्यायालय में उपस्थित नहीं होगा या फिर सरकारी गवाहों एवं साक्ष्य को बर्बाद करेगा। जो कि सत्य है कि अपर लोक अभियोजक ने यह बात कहाया और इस मुकदमा के अभिलेख में यह उपलब्ध है कि वीर बहादुर सिंह सरकारी गवाहों को भयभीत करते हैं एवं साक्ष्य को मिटाने का प्रयास करते हैं। इस तथ्य का शपथ पत्र भी न्यायालय में दिया गया था जो अभिलेख में उपलब्ध है। उसी प्रकार इसी न्यायालय के सामने वीर बहादुर सिंह जिस तिथि को उपस्थित होना था, उस तिथि को उपस्थित नहीं हुए। अतः उपस्थित नहीं होने की संभावना एवं सरकारी गवाहों एवं साक्ष्यों को डराने की संभावना संबंधी साक्ष्य इसी मुकदमे के अभिलेख में न्यायालय के समक्ष उपलब्ध था। स्पष्टतया यह पक्षपातपूर्ण रवैया ही कहा जा सकता है। सरकार चाहे तो इस पर भी जाँच करा सकती है।

इस जिले में 50 प्रतिशत से ज्यादा राजपूत जाति के पुलिस पदाधिकारी हैं। थाना प्रभारी के रूप में भी 50 प्रतिशत से ज्यादा राजपूत हैं। जैसा कि विदित है, ये लोग पक्षपातपूर्ण रवैया अपनाते हैं एवं इनके साँठ–गाँठ से भी हरिजनों पर अत्याचार किया जाता है।

इसमें से बहुत पदाधिकारी न केवल बूढ़े हो गये हैं बल्कि इसी क्षेत्र के रहने वाले भी हैं। बहुत से ऐसे भी पुलिस पदाधिकारी हैं जो सेवानिवृत्त के अंतिम काल में पदस्थापित किये गये हैं। वर्तमान में चल रहे आंदोलन में जैसा कि विदित है, भोजपुर में केवल एक ही जाति के लोग सरकार का विरोध कर रहे हैं और वे हैं राजपूत। इसमें पुलिस पदाधिकारियों का भी खुलकर सहयोग है। ज्यादातर इसी जाति के पदाधिकारियों के रहने की वजह से प्रशासन के सामने कठिनाई होती है।

उसी प्रकार श्री कमला सिंह, प्रभारी प्रवर सारजेंट मेजर के रूप में यहाँ पदस्थापित है। जैसा कि आपको स्मरण होगा, आरक्षी केंद्र के पास एक हरिजन के मारने के अभियोग में जाँच कराया गया था। अतंतोगत्वा हरिजन को सरकार की ओर से अंगरक्षक इसी प्रभारी प्रवर से बचाव के लिए दिया गया। मैंने अपने अर्द्धसरकारी पत्रांक 575 गो. दिनांक 7.2.78 द्वारा सरकार को इसकी सूचना दी एवं मैंने कहा था कि अगर इन्हीं से बचाव के लिये लोगों को अंगरक्षक दिया जायगा तो प्रशासन की क्या हालत होगी। लेकिन अभी तक इनका स्थानान्तरण नहीं किया गया। ये भी राजपूत जाति के पदाधिकारी हैं, एवं स्थानीय जातिगत राजनीति में खुलकर भाग लेते हैं।

उसी प्रकार आरा सदर अस्पताल के एक डॉक्टर हैं जिनका नाम डॉ. जी. डी. एन. सिंह है। वे भी राजपूत जाति के ही हैं एवं अपने जाति के अपराधकर्मियों की खुलकर मदद करते हैं। यहाँ तक कि पटना जाकर उनके लिये पैरवी करते हैं तथा स्थानीय जातिगत राजनीति में खुलकर भाग लेते हैं।

मेरा अनुरोध है कि इस विषय पर गंभीर रूप से विचार कर आवश्यक कार्रवाई करने की कृपा की जाय जिससे प्रशासन में स्वच्छता एवं सुदृढ़ता आ सके।

भवदीय,

ह./–

अशोक कुमार चौधरी

नरेन्द्र सिंह का पत्र लालू के नाम

(लालू बनाम नरेंद्र : नई पीढ़ी की पुरानी राजनीति)

प्रिय लालू जी,

आपको यह मालूम हो चुका होगा कि मैंने राज्य मंत्रिपरिषद से इस्तीफा पार्टी के राष्ट्रीय अध्यक्ष श्री एस आर बोम्मई को सौंप दिया है। उन्होंने आपको उसकी प्रति भेज दी होगी। यदि नहीं भेजी है तो इस पत्र को आप राज्य मंत्रिपरिषद से मेरा इस्तीफा मानकर इसकी स्वीकृति की कार्रवाई करें।

मैं यह इस्तीफा उन दायित्वों के निर्वहन के लिए भेज रहा हूँ जिसका संकल्प, प्रेरणा हमलोगों ने 17 व पूर्व बिहार आंदोलन को आरंभ करते समय ली थी। हमलोगों के ईमानदार मंसूबों के चलते ही वह आंदोलन कालांतर में लोकनायक जयप्रकाश नारायण के नेतृत्व में व्यवस्था की उत्पीड़क जड़ता के खिलाफ एक कारगर आवाज बनकर प्रकट हुआ ओर 'संपूर्ण क्रांति' आंदोलन में तब्दील हो गया। मैं यह इस्तीफा उन दायित्वों के निर्वहन के लिए भेज रहा हूँ, जब समाजवादी आंदोलन की मुख्यधारा से जुड़कर हमलोगों ने आम गरीबों की आवाज बनकर लोकतंत्र की जड़ें मजबूत करने का संकल्प लिया था। 'सामाजिक न्याय' के नारों को लोहिया के नेतृत्व और चिंतन के सहारे बुलंद करने का संकल्प दुहराया था।

अब, जबकि आपके नेत्त्व में बिहार की मौजूदा सरकार चल रही है, मैं और मेरे जैसे संपूर्ण क्रांति और समाजवादी आंदोलन से जुड़े अनेक लोग मंत्रिपरिष़द में काबिज हैं, तो ऐसे में इस मौजूदा सरकार को हम 'संपूर्ण क्रांति' और समाजवादी आंदोलन की संयुक्त कसौटी की सरकार मानने से किसी को रोक नहीं सकते।

आपने कभी सोचा है कि सत्ता में रहते हुए राजनीति का

अपराधीकरण करने तथा लोकतांत्रिक मर्यादाओं की खिल्ली उड़ाने का क्रम जब आपकी ओर से चलता है तो कितनी विपरीत टिप्पणियाँ उन दो आंदोलनों, उन दो ऐतिहासिक राष्ट्रीय पुरुषों, जिनके नेतृत्व में हमलोगों ने देश और समाज बदलने का संकल्प दुहराया था, को सुननी पड़ती हैं? कभी आपने कल्पना की है कि उन लाखों कार्यकर्ताओं और परिवारों को कितना कुछ झेलना पड़ता है, जिसके लिए वह पूरी जिंदगी सड़क से लेकर जेल तक गुजर गया और बदले में न तो कुछ मिला और न ही लोगों ने व्यक्तिगत लाभ की कभी कल्पना की? कभी मुख्यमंत्री रहते आपने उन परिवारों के आँसू पोंछने, उन परिवारों की संवेदनाओं से जुड़ने की कोशिश की, जिनके बेटों ने उस ऐतिहासिक बिहार आंदोलन के क्रम में जिन औरतों की मांगें पोंछी गया, उन बेबस औरतों के प्रति, उसी आंदोलन की लहर पर बैठकर सत्ता में काबिज हुए लोगों का भी कोई दायित्व बनता है, आपने कभी सोचने की कोशिश की है?

पूरा बिहार आज के नेतृत्व में अपराधकर्मियों और आतताइयों के हाथों रौंदा जा रहा है। अपराधकर्मियों को समारोह आयोजित कर प्रतिष्ठित किया जा रहा है। अपहरण और फिरौती के संरक्षण में सत्ता सामने आकर खड़ी हो जाती है। आर्थिक लूटमारों का आलम यह है कि अब आपको सत्ता में आने से पूर्व की सम्पत्ति और दो वर्ष बाद की सम्पत्ति का ब्यौरा जनता के बीच घोषित करना चाहिए।

कभी आपने सोचा है कि सत्ता में आने के पहले हमारे कायदे क्या थे? अल्पसंख्यकों को सुरक्षा व संरक्षण तथा वर्षों से उपेक्षित दलितों – कमजोर वर्ग के लोगों को सामाजिक न्याय दिलाने का आश्वासन हमारे वायदों में मुख्य था। इन आकर्षक नारों की बदौलत जनता दल को सत्ता तो मिल गयी लेकिन उन आश्वासनों का क्या हुआ? एक ओर भागलपुर दंगे में उजड़े हजारों जिंदगियों को मुआवजा देने की घोषणाओं को 'अमल' में नहीं लाया गया, वहीं दूसरी ओर बिहार में अल्पसंख्यक मुसलमान, बुनकरों के तीन लाख 'हस्तकरघे' बंद कराकर उन्हें भूख और आजीविका की जहालती जिंदगी जीने को छोड़ दिया गया। गरीबों, कमजोर वर्गों के परम्परागत कुटीर उद्यागों को आर्थिक सहायता प्रदान करने हेतु

भारत सरकार के खादी कमीशन से प्राप्त ग्यारह करोड़ रुपये क्यों वापस कर दिये गए? इन सवालों का उत्तर भी आपको ढूँढ़ना होगा।

सामाजिक न्याय का मतलब आपने क्या समझा है? सामाजिक न्याय किसी व्यक्ति का निहित स्वार्थ नहीं हो सकता। सामाजिक न्याय किसी की व्यक्तिगत सम्पत्ति और सत्ता में इजाफा का औजार भी नहीं हो सकता। सामाजिक न्याय का अभिप्राय बदसलूकी तथा विद्वेष और नफरत भी नहीं हो सकता।

आज पूरा बिहार यह जानना चाहता है कि साािजक न्याय के किस नारे के तहत समाजवादी आंदोलन और बिहार आंदोलन से होते हुए कलेंडर की आज की तारीख तक सबसे निर्विवाद तथा प्रभावी व्यक्ति सांसद राम सुंदर दास को बिना कोई कारण बताये, बिना किसी औचित्य और लोकतांत्रिक प्रक्रिया अपनाये कैसे हटाया गया? लोकतंत्र की दुहाई देने वाले इस पार्टी और जमात को अचानक अधिनायकवाद की अंधी गली में किसने धकेल दिया? लोहिया और जयप्रकाश के नजदीक रहे राम सुंदर दास का स्थान एक विवादास्पद व्यक्ति को दिलाने की अश्लील कोशिशें किस बात की परिचायक हैं? पिछले कुछ वर्षों और महीनों से हरिजनों ने स्वतंत्र अस्तित्व और जूझारू पहचान के लिए अपनी कुर्बानियां दी हैं और इसमें वे कामयाब भी हुए हैं। क्या श्री राम सुंदर दास का यह अपमान उन्हीं अस्तित्वों और पहचानों का 'दमन' करने के लिए किया गया है? यदि हाँ तो, फिर आपके सामाजिक न्याय का मतलब क्या रह जाता है?

बिहार जनता दल ने लंबे संघर्षों, कई आंदोलनों से गुजरकर अपनी जड़ें गहरी की हैं। इस दल के कार्यकर्ताओं में ऐसे सामाजिक मामले में कोई संशय या भ्रम की स्थिति उत्पन्न नहीं हो सकती। मुझे लगता है कि मैंने आपके मंत्रिपरिषद से इस्तीफा देकर सामाजिक न्याय के चल रहे संघर्ष के प्रति अपने दायित्व का निर्वहन किया है। पार्टी के वयोवृद्ध समाजवादी नेता श्री राम सुंदरदास को आपकी साजिश पर हटाये जाने के फैसले को चुनौती के रूप में मैंने स्वीकारा है। हमारी आपसे कोई व्यक्तिगत लड़ाई नहीं है। 'मुद्दे' के आधार पर स्वस्थ संघर्ष की परिपाटियाँ समाजवादी तथा

संपूर्ण क्रांति आंदोलन में पहले से भी रही है। आप फैसले बदलवाने और श्री दास को पुनः अध्यक्ष बनवाने में तत्काल भूमिका अदा कीजिए और इस कुकृत्य के लिए श्री दास तथा राज्य की जनता से सार्वजनिक क्षमा माँगिए। तभी कोई परिवर्तनकारी नयी स्थिति कायम हो सकती है।

पुनः इसी कामना के साथ कि 'ईश्वर आपको सद्बुद्धि दे'।

आपका,
नरेंद्र सिंह
24.4.92